청소년들의 진로와 직업 탐색을 위한
잡프러포즈 시리즈 36

사람을 좋아하는
헤드헌터

청소년들의 진로와 직업 탐색을 위한 잡프러포즈 시리즈 36

사람을 좋아하는 헤드헌터

윤재홍 지음

자신을 내보여라.
그러면 재능이 드러날 것이다.

- 발타사르 그라시안, Baltasar Gracián -

기회 없는 능력은
쓸모가 없다.

- 나폴레옹 보나파르트, Napoleon Bonaparte -

C·O·N·T·E·N·T·S

C·O·N·T·E·N·T·S

헤드헌터 윤재홍의
프러포즈

5 4 3 2

여러분, 안녕하세요!

저는 사람을 좋아하는 IT 분야 전문 헤드헌터 윤재홍이라고 해요.

여러분은 헤드헌터라고 하면 무엇이 가장 먼저 떠오르세요? 한글로 직역한 머리 사냥꾼이라는 말이 떠오를 수도 있고, 인재 사냥꾼이란 단어가 생각나는 학생도 있을 거예요. 전쟁에서 승리한 부족이 패한 적장을 목을 베어 전리품으로 삼았던 영화나 드라마의 한 장면이 연상되는 친구도 있을 거고요. 사실 그 장면에서 헤드헌터라는 말이 유래되었다는 설도 있죠.

헤드헌터란 말이 아직 어린 친구들에겐 다소 생소한 단어일 수도 있는데요. 여러분들의 부모님처럼 직장 생활을 하는 분이라면 대부분 알고 있는 직업이죠. 기업은 자신들 회사의 업무에 가장 적합한 직원을 채용하고 싶어 해요. 사람들은 자신의 능력을 가장 잘 활용할 수 있는 회사에 좋은 조건으로 취업하길 원하고요. 이 둘을 연결하는 사람들이 바로 헤드헌터예요. 선진국에서는 이미 오래전부터 있어 왔던 직업이며, 최근엔 우리나라에서도 수많은 기업들이 헤드헌터를 이용해 인재를 채용하고 있죠.

이 일을 하게 되면 다양한 산업 군에서 근무하는 분들을 만나게 되는데요. 대화를 통해 그분들의 삶을 잠시나마 간접 경험하면서 몰랐던 사실도 알게 되고 해당 분야의 지식도 쌓을 수 있어 일이지만 늘 즐겁더라고요. 상대를 이해할 수 있는 폭도 한층 넓어져 일을 하면서 성장한다는 느낌도 종종 받고요. 회사는 능력 있는 인재를 원하고, 인재들은 좋은 회사를 원하기 때문에 이 둘을 잘 매칭하게 되면 양쪽 모두에게서 감사를 받게 되는데, 이 역시 이 일의 보람이자 즐거움이죠.

헤드헌터는 누가 시키는 일을 수동적으로 하는 것이 아니라 주도적으로 일하게 되는데요. 스스로 계획을 세우고 전 과정을 혼자 이끌어나가는 경험은 직업인으로 성장하는데 큰 장점이 되죠. 개인적으로 느끼는 매력도 있는데요. 헤드헌터는 직업에 대한 전반적이고 풍부한 지식을 보유한 전문가이기 때문에 학교와 같은 교육기관과 공공기관 등에서 강의나 강연을 의뢰하는 일이 많아요. 신문이나 잡지, 공중파 방송 등에서 직업과 관련된 정보를 소개해 달라는 요청을 받기도 하고요. 헤드헌터뿐만 아니라 다양한 직업의 세계를 소개할 수 있는 기회가 많아 사람과의 소통을 좋아하는 저로서는 이 점이 큰 매력으로 느껴지네요.

물론 이런 매력을 느끼려면 무엇보다 사람을 좋아해야겠죠. 저는 어렸을 때부터 친구 사귀기를 좋아했어요. 잘 알지 못하는 누군가를 만난다는 게 전혀 두렵지 않았죠. 오히려 설레고 즐거웠어요. 그래서 이 일이 천직이라고 느껴져요. 여러분 중에도 분명 사람들을 좋아하고 대화를 즐기는 학생이 있을 거예요. 사람과의 만남을 어려워하지 않고 커뮤니케이션 능력이 뛰어난 친구들에게 이 직업을 추천하고 싶어요.

영화나 드라마에 나오는 헤드헌터들의 삶은 꽤 화려하더라고요. 많은 일들이 그렇듯 이 일 역시 눈에 보이는 것만이 전부는 아니에요. 헤드헌팅의 성사라는 멋진 장면을 연출하기 위해서는 다양한 직업에 대한 풍부한 경험과 지식은 필수죠. 트렌드를 읽는 눈도 필요하고요. 그러기 위해선 늘 공부해야 해요. 학생이라면 먼저 동아리 활동이나 봉사활동 등을 통해 새로운 친구와 관계 맺는 것부터 시작해 보세요. 사람을 사귀는 법도 배우고 인맥도 쌓을 수 있는 좋은 방법이죠. 나중에 시간이 한참 흐른 후에 그 친구를 어떤 자리에서 어떻게 만날지는 모르는 일이니까요.

기업에서 원하는 능력 있는 인재를 찾아 그들을 필요로 하는 적재적소에 추천하며 기업과 인재를 잇는 헤드헌터. 이 책이 헤드헌터라는 생소한 직업과 친근해지는 계기가 되었으면 해요. 제 글을 통해 헤드헌터가 여러분의 꿈이 된다면 더 기쁘겠고요. 어떤 꿈을 꾸든 여러분의 앞날을 늘 응원할게요.

첫인사

편 먼저 자기소개를 부탁드려요.

윤 안녕하세요? 저는 ㈜프로매치코리아라는 서치펌에서 IT 분야 전문 헤드헌터로 근무하고 있는 윤재홍 이사라고 해요. 서치펌이라는 단어 들어보셨나요? 전문 변호사들로 구성된 법률회사를 로펌이라고 하듯 헤드헌터들이 모여 일하는 회사를 서치펌이라고 해요. 서치펌의 헤드헌터들은 기업에서 원하는 인재를 찾아 소개해주는 일을 하고 있어요. 경영이 다각화되고, 전문 인재에 대한 필요성이 높아지면서 헤드헌팅 회사인 서치펌의 역할이 커지고 있죠.

편 이 일을 한지는 얼마나 되었나요?

윤 저희 회사는 1999년에 설립되어 구인 구직과 근로자 파견, 헤드헌팅 사업을 하다 2001년부터 헤드헌팅 사업 부분만 분리하여 운영하기 시작했어요. 저는 그 다음 해인 2002년에 이 회사에 합류했으니 이 일을 한지도 벌써 19년이 되었네요. 회사에서 가장 오래 근무한 헤드헌터 중 한 명이죠.

편 헤드헌터라는 직업을 선택하게 된 계기가 있을까요?

윤 입사 전에 PC 통신 회사에 다녔는데요. 그때가 인터넷 이용 인구가 증가하면서 하이텔이나 천리안과 같은 PC 통신사들이 사라지

기 시작할 무렵이었어요. 시장의 변화에 따라 이직을 하기 위해 잡코리아 등의 취업 사이트에 이력서를 올려놨는데요. ㈜프로매치코리아의 대표님이 제 이력을 보시고 스카우트 제의를 하신 거예요. 당시엔 헤드헌터란 직업이 자리를 잡기 전이라 이 분야에 대해 잘 몰랐기 때문에 스카우트 제의를 받고 처음 관심을 가지게 되었죠. 구체적인 업무에 대해 알게 되니 제 적성에 잘 맞을 것 같더라고요. 바로 면접을 보고 헤드헌터의 길에 들어서게 되었는데 참 잘한 선택이라고 생각해요.

편 이 직업을 프러포즈하는 이유는 뭔가요?

윤 일자리를 구하는 것 자체가 힘든 요즘, 자신에게 맞는 회사에 들어가는 것은 더더욱 어려운 일이라 생각해요. 그런데 기업 역시 회사의 인재상에 맞는 전문적인 능력을 갖춘 인재를 찾지 못해 어려움을 겪기도 해요. 이런 문제를 해결하는 사람이 바로 헤드헌터죠. 기업이 회사에 필요한 사람을 찾아달라고 의뢰하면, 헤드헌터는 그 직무에 적합한 후보자를 찾아 기업에 추천하며 구인하는 회사와 구직자를 연결하는 다리 역할을 하고 있어요. 이러한 일의 특성상 필연적으로 다양한 산업군의 사람들을 만나게 되는데요. 일이 일로 끝나는 것이 아니라 여러 직업을 간접 경험할 수 있는 기회가 되며, 그들 각자의 분야에 대해서도 공부할 수 있는 시간이 되고 있죠. 특히, 제가 공들여 소개한 회사와 인재 모두가 만족할 때면 보람도 느낄 수 있어요. 요즘은 100세 시대라는 말이 나올 정도로 평균 수명이 늘어나고 있는데 정년 없이 일할 수 있는 것도 큰 매력이고요. 저처럼 누군가를 만나 얘기하는 걸 좋아하는 사람이라면 이 직업과 잘 맞을 거라 생각해요. 대인 관계 능력이 좋은 친구들에게 헤드헌터를 추천해요.

헤드헌터의
세계

하루 일과가 궁금해요.

편 하루 일과가 궁금해요.

윤 오전에 출근하면 우선 이메일을 확인해요. 필요한 경우 답장을 보내고 구인공고를 올려놓은 사이트에 들어가 이력서를 필터링하죠. 이후 개인적으로 보유한 인재 데이터베이스에서 이력서를 살펴보며 진행하고 있는 헤드헌팅 포지션에 적합한 인재를 찾다 보면 오전 시간이 금방 지나가요. 점심을 먹고 나서는 헤드헌터에게 가장 중요한 업무를 시작해요. 적합한 인재를 찾게 되면 연락을 해서 추천하는 회사에 대한 정보를 주고 지원 의사를 확인한 후 이력서와 자기소개서를 받아 검토 및 수정을 거쳐 고객사의 HR 담당자에게 전달하는 것이죠. 이미 추천한 인재들의 경우 해당 HR 담당자에게 합격 여부에 관한 피드백을 받고요. 그 결과에 따라 후보자에게 연락해 불합격한 경우 불합격 통보를 하고, 합격한 경우 면접 일정 등을 안내하죠.

면접이 잡힌 후보자의 경우 사전 인터뷰를 통해서 업무 관련 경력과 이직 사유, 지원 동기 등을 확인하고 면접에 관한 팁 등을 알려주기도 해요. 대부분의 후보자들이 경력직이다 보니 근무 시간 중에는 편하게 전화 통화를 할 수 없기 때문에 퇴근 시간 이후나 주말에 연락을 하는 경우도 있어요. 요즘엔 주로 이메일이나 문자, 카카오톡을 이용해 연락하고 있죠. 오후의 남는 시간에는 고객사에 방문하거나 전화 통화, 이메일을 통해서 새로운 헤드헌팅 업무를 받기도 해요. 이렇게 일을 하다 보면 하루 일정이 모두 끝나죠. 그런데 요즘엔 코로나19로 인해 비대면 미팅을 하는 일이 많아요. 후보자들의 면접도 화상이나 전화로 대체하고 있고요. 언택트 문화의 확산이 채용 분야에도 영향을 미치고 있죠. 코로나19 때문에 계획했던 채용을 줄이는 회사도 있지만 반대로 호황을 맞은 산업군은 채용을 늘리기도 해 저희는 계속 바쁘게 일하고 있고요.

편. 출퇴근 시간이 자유롭다고 들었어요.

윤. 맞아요. 출퇴근 시간에 별다른 제약이 없죠. 저는 보통 10시쯤 출근하는데요. 일반 회사에 비해 출근 시간이 늦은 편임에도 불구하고 그 시간에 회사에 도착하면 몇 분만 출근해 있는 날도 종종 있어요. 출퇴근 시간이 매우 자유로워 각자의 일정에 따라 회사에 나오기 때문이죠. 저 역시 오전에 고객사에 방문해야 하는 경우 오후에 출근하기도 해요. 보통 오후에 특별한 일이 없으면 일찍 퇴근하는 편이고요. 이 일을 오래 해 보니 9시부터 6시까지 일주일 내내 일한다고 성과가 좋은 게 아니더라고요. 물리적인 시간보다는 효

율성이 중요하죠. 탄력적인 근무 시간 덕분에 개인적인 업무를 처리하거나 가족과 함께 보낼 수 있는 시간이 많은데, 이것도 이 일의 매력 중 하나라고 생각해요.

헤드헌터는 주로 어떤 곳에서 일하나요?

편 헤드헌터는 주로 어떤 곳에서 일하나요?

윤 1인 회사에서 혼자 일하는 사람도 있고 재택근무를 하는 분들도 있지만 대게는 헤드헌터들이 모여 있는 서치펌에 소속되어 근무하고 있어요. 아무래도 이 일을 하려면 넓은 인력 풀을 필요로 하고 협업을 하는 경우도 많기 때문에 회사에 소속되어 일하는 것이 유리하니까요. 저희 회사만 해도 100여 명이 넘는 헤드헌터들이 근무하고 있죠. 게다가 헤드헌팅 시장이 워낙 경쟁도 치열하고, 대부분의 기업에서 규모가 큰 서치펌을 선호하기 때문에 1인 컴퍼니나 작은 서치펌보단 대형 서치펌에서 일을 하는 게 더 이롭다고 생각해요.

시간이 날 때는 어떤 일을 하나요?

편 시간이 날 때는 어떤 일을 하나요?

윤 최신 동향을 파악하기 위해 다양한 직업과 관련된 콘퍼런스에 참석하거나 관련 서적들을 보는 편이에요. 공중파 방송에 출연해 헤드헌터라는 직업을 소개하기도 하죠. 가끔 강연도 하고요. 가장 좋아하는 일은 '헤드헌터 윤재홍의 난JOB한 이야기'라는 유튜브 채널을 통해 사람들과 소통하는 일이에요. 세상의 모든 직업을 소개하고픈 마음에 2014년에 시작해 지금까지 7년간 한주도 빠짐없이 진행하고 있죠. 지난주에는 학습 컨설턴트를 만나 인터뷰를 진행했고, 이번 주에는 17년 차 쇼호스트를 만날 예정인데요. 세어보니 그렇게 매주 만난 직업인이 모두 300명이더라고요. 직업을 소개하는 채널 운영이 즐겁기도 하지만 많은 분들에게 도움도 드릴 수 있는 일이라 계속해 나가고 싶어요.

편 요즘 주요한 관심사는 무엇인가요?

윤 가장 중요한 화두는 코로나19죠. 포스트 코로나 시대에는 채용 시장이 어떤 방향으로 흘러갈지 관심 있게 지켜보고 있어요. 실제 기업을 대상으로 한 설문을 봤더니 코로나19로 인해 경영 환경

이 급격히 변했기 때문에 경쟁력을 확보하기 위해 HR 정책에 변화를 줄 필요가 있다는 사람들이 대부분이었어요. 시장의 변화를 예측하고 대비를 하는 것이 지금의 가장 큰 고민이자 관심사죠. 4차 산업 시대를 맞이하며 AI를 통한 채용도 늘어나고 있기 때문에 그 부분도 관심을 가지고 있고요.

매력은 무엇인가요?

편 매력은 무엇인가요?

윤 다양한 산업 군에서 일하는 분들과 만날 수 있다는 것이 가장 큰 매력이죠. 워낙 사람들을 좋아하다 보니 누군가를 만나 대화를 나눌 수 있는 것이 일이지만 정말 즐겁거든요. 대화를 통해 그분들의 세상을 간접 경험하며 타인을 이해해 나가는 것도 저에겐 특별한 일이고요. 기업과 인재를 연결하며 그들 모두에게 도움을 준다는 것도 매력을 느끼게 하는 중요한 요소예요. 헤드헌터의 도움을 받은 고객사도 좋은 인재를 소개해 줘서 고마워하고, 인재 역시 자신의 경력을 관리해 주고 이직을 도와주는 저희에게 고마워하죠. 일반 영업의 경우 물건을 판매해야 하니 고객에게 아쉬운 소리를 해야 하는 경우도 있는데요. 이 일은 그렇게 하지 않아도 되니 상대적으로 편한 마음으로 일할 수 있다는 것도 매력이고요. 제가 직업 전문가다 보니 종종 강연이나 공중파 방송 출연과 같은 요청을 받기도 하는데, 많은 분들과 소통하고 싶은 제겐 이러한 외부 활동도 큰 매력이에요.

편 고객사나 인재풀을 갖추는 것이 힘들진 않나요?

윤 물론 헤드헌터가 뭔지 잘 모르던 시절에는 그 부분이 많이 힘들었어요. 제 직업 자체가 통용되지 않던 때라 무슨 일을 하는지 설명부터 해야 했죠. 기업에서는 자신들이 직원을 채용하는데 왜 수수료를 내야 하는지도 이해하지 못해서 그런 것도 설명을 해야 했고요. 하지만 이젠 시대가 달라졌잖아요. 지금은 그런 활동을 일절 하

30
31

지 않아요. 오히려 기업에서 먼저 헤드헌팅 의뢰를 하는 일이 많거든요. 고객사 HR 담당의 소개를 통해 연락이 오는 경우도 있고요.

편 헤드헌터라는 직업이 일상생활에 유용하게 작용했던 적이 있었나요?

윤 자녀의 진학이나 진로를 결정하는 데 있어서 직업에 대한 풍부한 지식이 도움이 되는 경우가 많아요. 그러다 보니 조언을 구하는 지인들의 연락이 많은 편이죠. 혹시라도 나중에 도움이 될까 싶어 그러는지 저에게 본인 이력서를 계속해서 보내며 어필하는 분들도 많아요. 자신의 가장 좋은 모습만 보여주려고 하는 분도 있고요. 만나서 밥 한 번 먹자는 분들도 많은데 괜히 밥만 얻어먹고 도움을 드리지 못하게 되면 부담이 되기 때문에 만나는 일은 거의 없어요. 그래도 이메일로 이력서를 보내 주시는 분들에게는 꼭 답장을 보내드리려고 노력하고 있죠.

단점도 있나요?

편 단점도 있나요?

윤 글쎄요. 군이 단점을 꼽으라면 일반 직장인처럼 월급제가 아니라 성과급제이다 보니 헤드헌터 개인의 능력에 따라 연봉이 천차만별이란 게 장점이자 단점이 될 수도 있겠네요. 성과와 능률에 따라 임금을 지급하는 성과급제에도 여러 종류가 있는데요. 저희는 100퍼센트 성과급제라 추천한 인재가 기업에 최종적으로 합격해서 고용 계약이 체결되지 않는 동안은 수입이 없어요. 그래서 동시에 여러 건을 진행하고 협업도 많이 하고 있죠.

하나 더 얘기하자면, 고객사와 후보자들을 관리하다 보면 생기는 변수로 인해 스트레스를 받을 수 있다는 것이에요. 예를 들어 추천한 회사에 최종 합격해서 다음 주 월요일부터 출근 예정인 사람이 갑자기 2~3일 전에 전화해서는 특별한 사유 없이 입사를 하지 않겠다고 해 봐요. 후보자는 미안하다고 하면 그만이지만 헤드헌터 입장에서는 그동안의 노력이 허사가 되는 것은 물론 계약 체결에 따른 수수료도 사라지고, 고객사의 신뢰까지 잃게 되죠. 다른 사람을 추천할 수 있는 기회도 사라지고요. 일을 하다 보면 이런 경우가 1년에 한두 건 발생하는데, 그럴 때는 스트레스를 받기도 해요. 이와는 반대로 최종 합격해서 출근 예정이던 인재가 회사 사정상 갑자기 입사가 취소되는 일도 있어요. 자주 있는 일은 아니지만 이 경우 후보자의 인생이 걸려있는 중요한 이직의 기회가 사라지게 되는 거라 난감하기도 하지만 매우 안타까운 마음이 들죠. 헤드헌터를 처음 시작했을 때는 이런 일이 생기면 힘이 빠지기도 했는데, 19년 차 헤드헌터가 되다 보니 요즘은 변수가 좀 생기더라도 빠르게 수습하고 다른 헤드헌팅 건에 집중하는 편이에요.

기억에 남는 사건이나 에피소드도 많을 것 같아요.

편 기억에 남는 사건이나 에피소드도 많을 것 같아요.

윤 막 헤드헌터를 시작했을 때 마케팅을 통해 발굴한 기업에 첫 미팅을 갔는데, 채용 책임자가 공군 군대 후임이더라고요. 정말 오랜만에 다시 만나 안부를 나누고 일을 시작했는데, 과거의 인연 덕분에 분위기가 화기애애했고 업무가 일사천리로 진행됐던 적이 있었어요. 한 번은 고등학교 동창이었던 친구가 고객사의 인사 팀장이었던 경우도 있었고요. 아무래도 아는 사람들을 만나게 되면 일이 순조롭게 시작되죠. 일을 하다 지인을 만날 때마다 세상 참 좁다는 생각을 자주 하게 되더라고요. 언제 어떻게 만날지 모르니 우리 착하게 살아요.^^ 그리고 헤드헌터로 오래 일하다 보니 지인의 이력을 알게 되는 경우도 많아요. 가깝게는 동창들부터 자녀 친구들의 부모나 같은 성당에 다니는 분들의 이력서까지 본 적이 있죠.

물론 항상 좋은 일만 있는 건 아니에요. 진상 고객이나 진상 동료, 진상 후보자로 인해 마음이 불편했던 적도 있어요. 헤드헌팅 수수료를 깎으려고 후보자와 이중 계약서를 쓰거나 심지어 임금 체불을 하는 고객사 때문에 힘들었던 적이 있었죠. 요즘엔 거의 찾아보기 힘든 경우지만 헤드헌터를 처음 시작할 때는 그런 일이 종종

있었어요. 제가 관리하고 있던 후보자를 동료 헤드헌터에게 추천
해 줬는데, 약속했던 고객사에 추천하지 않고 다른 고객사에 추천
해서 문제를 일으킨 경우도 있었죠. 불합격 통보를 받은 어떤 후보
자가 자신이 왜 떨어졌는지 이해가 가지 않는다며 회사에 항의하

겠다고 한 적도 있었고요. 19년 동안 일을 하다 보니 이런저런 에피소드들이 참 많았네요.

편 인상적인 헤드헌팅 성공 사례가 있다면 소개해 주세요.

윤 대기업에서 최고의 대우를 받고 있던 핵심 인재가 한 분 있었어요. 연봉도 높고 초고속 승진까지 한 분이었는데, 대기업의 문화에는 좀처럼 적응을 하지 못해 고민을 하던 차에 어떻게 저와 연결이 되었죠. 마침 한 스타트업에서 회사의 최고기술경영자인 CTO를 찾고 있었는데, 그분의 경력과 잘 맞아떨어져 소개를 하게 되었고 일이 잘 성사되었어요. 연봉은 이전 회사에서 받던 것의 절반 수준에 회사의 미래도 불투명했지만 스타트업 특유의 수평적 기업 문화가 마음에 들어 회사 생활이 만족스럽다고 고마워하더라고요. 최근 소식을 들어보니 다행히 진행하는 사업도 잘 되고 상장도 초읽기에 들어갔다고 해요. 고객사와 인재 모두 상당히 만족했던 케이스라 기억에 많이 남네요. 이 경우처럼 요즘은 워라밸을 중요하게 생각하는 사람들이 많아서 회사가 마음에 들고 비전이 보이면 연봉을 낮춰서 가는 경우도 종종 있어요.

광운대학교 강의

편 방송이나 강연의 주제는 무엇인가요?

윤 2014년에 세상의 모든 직업을 소개한다는 취지로 '헤드헌터 윤재홍의 난JOB한 이야기'를 팟캐스트에 론칭했는데, 그게 직업 관련 분야에선 처음 있는 일이었어요. 지금까지 하고 있으니 직업 관련 방송으로는 가장 오래되었죠. 그걸 본 작가들이 방송에 출연해 달라고 요청을 해왔어요. 그 연으로 MBC의 〈마이 리틀 텔레비전〉과 tvN의 〈젠틀맨리그〉 등에 나가 헤드헌터라는 직업을 소개할수 있었죠. 강연 주제 역시 제 직업과 관련된 내용이에요. 중, 고등

2018 진로의 날

헤드헌터와
직업 세계의 모든 것

강사: 윤재홍 프로매치 코리아 이사
(휘문 81회 교우)

모교인 휘문고등학교 강의

학교나 대학교, 관공서에서 진행하는 진로 교육 행사에 초청되어 다양한 직업 정보와 헤드헌터에 대해 소개하고 있죠. 최근엔 모교인 휘문고등학교에 초대되어 후배들에게 제 직업에 대해 구체적으로 설명할 수 있는 기회도 있었어요.

편 구체적인 강의 내용이나 학생들이 주로 궁금해하는 것들은 무엇인지 알고 싶어요.

윤 강의 내용은 주로 제 직업인 헤드헌터가 하는 일, 헤드헌터가

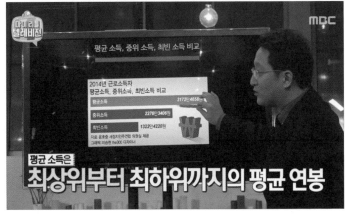

MBC 〈마이 리틀 텔레비전〉

tvN 〈젠틀맨리그〉

되는 방법, 그밖에 다양한 직업과 진로에 관한 내용이에요. 직업에 관해 여러 가지 이야기를 하게 되는데 학생들은 보통 연봉이나 수입 그러니까 돈과 관련된 내용을 가장 궁금해하더라고요. 강의가 진행될수록 점점 집중력이 떨어지는데 각 직업의 연봉이나 헤드헌팅 수수료, 방송 출연료 얘기를 하면 다들 집중하죠. 사실 수입을 궁금해하는 건 어른들도 마찬가지지만요.^^

편 방송 출연료는 어느 정도인가요?

윤 방송사와 프로그램마다 다른지만, 유명 연예인이 아닌 일반인의 경우 출연료가 그렇게 높은 편은 아니에요.

운영하는 고객사의 규모는 어느 정도인가요?

편 운영하는 고객사의 규모는 어느 정도인가요?

윤 저는 IT 분야를 전문으로 하고 있는데, 제 고객사는 스타트업부터 이름만 대면 알 수 있는 유명 IT 기업, 외국계 IT 기업까지 매우 다양해요. IT 관련 기업이 많다 보니 고객사의 규모가 꽤 큰 편이죠. 그런데 고객사를 늘리려고 어떤 기업이든 고객으로 받아들일 수는 없어요. 해당 기업이 건실한 업체인지 후보자한테 추천할 만한 업체인지 먼저 알아봐야 하죠. 일을 시작한 지 얼마 되지 않았을 때, 회사에서 요청이 들어오면 모두 수락한 적이 있었어요. 그러다 결국 추천한 인재의 임금을 체불하거나 수수료를 미지급하는 사례가 생기기 시작했고, 이후로는 기업의 경영 상태 파악이 끝난 후에 고객사로 받아들이게 되었죠. 그런 과정을 거치다 보니 요즘엔 임금을 체불하거나 수수료를 미지급하는 고객사는 없어요.

편 고객사에게만 수수료를 받고 있죠?

윤 네. 많이들 궁금한지 자주 물어보는 질문 중에 하나인데요. 후보자들에게는 비용을 받지 않아요. 고객사에게만 인재 채용의 대가로 수수료를 받고 있죠. 그런데 중요한 사실은 채용이 결정된 사

고객사 미팅

람이 3개월 이내에 퇴사를 하게 되면 수수료의 일부를 다시 돌려줘야 한다는 거예요. 3개월 중 출근한 날을 제한 나머지 날들을 일할 계산해서 그만큼의 수수료를 물어내야 하는 것이죠. 경력직들이라 3개월 내에 퇴사하는 경우는 거의 없지만 중도 퇴사자가 생기지 않도록 입사 후에도 계속해서 연락을 이어가고 있어요.

편 기업에서는 왜 직접 사람을 뽑지 않고 헤드헌터에게 수수료를 주면서 직원을 채용하나요?

윤 이 역시 많이 물어보는 질문인데요. 기업에서는 채용 공고에 채용 기준을 명시하더라도 그 기준에 맞지 않는 수많은 사람들이 지원한다는 걸 알고 있거든요. 사내 공고가 아니라 구인구직 사이트에 공채 공고를 올리더라도 채용 기준에 부합하지 않는 사람의 지원이 매우 많다는 것도요. 그걸 걸러내는 것만도 굉장한 일이에요. 거기다 기업의 HR팀이 채용 업무만 하는 것이 아니거든요. 직원들의 교육과 육성, 평가나 승진, 보상, 직급 체계와 관련된 유지관리 업무도 해야 하죠. 한 마디로 해야 할 일은 많은데 시간은 한정되어 있으니 비용을 지불해서라도 효율성을 높이는 것이에요. 헤드헌터에게 채용 업무를 맡기면 회사에서 원하는 인재들의 이력서를 받아 분석한 후 기업에 적합한 사람을 추천해 주기 때문에 면접까지 연결되는 시간이 훨씬 단축되니까요.

편 헤드헌팅을 이용하는 고객사는 주로 어떤 기업인가요?

윤 전에는 마이크로소프트와 같은 외국계 회사나 대기업이 주를 이뤘는데, 지금은 전 산업 분야에 걸쳐 다양한 규모의 회사들이 헤드헌팅을 이용하고 있어요. 최근에는 스타트업이 늘어나는 추세고요. 특히 IT 벤처회사의 경우 규모가 작더라도 사업성을 인정받아 투자를 받거나 급성장하는 스타트업에서 헤드헌팅 서비스를 이용하는 곳이 많아요. IT 분야는 업종 특성상 신규 직원을 채용할 일이 많거든요. 예를 들어 웹 분야 서비스만 제공하다 앱을 개발하게 되면 앱 개발자나 UI/UX 디자이너, 빅데이터 전문가를 채용해야 하고, 홍보를 위해 SNS 마케터나 브랜드 마케팅 전문가가 필요해지기도 하죠. 회사의 규모가 급격하게 커지면서 각 분야의 전문가를 채용하기 위해 헤드헌팅 서비스를 이용하는 곳도 늘고 있고요.

후보자는 어떻게 찾으세요?

편 후보자는 어떻게 찾으세요?

윤 고객사가 원하는 적합한 인재를 찾는 것이 저희의 업무 중 가장 중요한 일인데요. 저는 헤드헌터 경력 19년 동안 개인적으로 만들어 놓은 인재 DB가 있어요. 그게 제1번 인재풀이라 그곳에서 후보자를 찾죠. 제가 관리하고 있는 후보자들을 통해서 소개를 받는 경우도 있고요. 또는 잡 포털 사이트를 이용하기도 해요. 저희는 회사에서 구입한 서치펌 전용 유료 인재 DB 정보를 열람할 수 있기 때문에 일반 회사에서 접근할 수 없는 인재를 찾을 수 있죠. 유료 서비스를 이용해 구인정보를 직접 올리기도 하고요. 그런데 고객사에서 특정 회사를 지정해 주는 경우도 있어요. 그럴 땐 직접 서치를 하죠. 직접 서치란 인맥을 통해 해당 회사의 인재에게 이직을 제안하는 방식이에요. 마지막으로 서치펌 내 다른 헤드헌터들과의 협업을 통해 후보자를 찾기도 해요. 사내 인트라넷을 통해 서로 가지고 있는 인재 DB를 공유해 후보자를 물색하는 것이죠. 헤드헌터들 가운데는 비서나 명품 회사 MD 등 제가 잘 모르는 분야 출신들이 있거든요. 필요할 때는 그런 분들의 인맥을 활용하고 있어요. 이렇게 협업을 하게 되면 수수료를 50퍼센트씩 나누기 때문에 꺼리는 분들도 있지만, 저는 모든 분야의 인재 DB를 100퍼센트 보유할 수 없기 때문에 제 전문 분야가 아닌 경우에는 그 분야에 특화된 분들과 함께 일하기도 해요.

편 대기업 출신의 헤드헌터라면 인재를 찾는 것이 더 수월할까요?

윤 꼭 그렇지만도 않아요. 저도 대기업에 다니다 이 일을 시작했는데요. 때로 도움이 되는 경우도 있지만 일단 퇴사하면 회사에 다닐 때랑은 많이 다르더라고요. 그리고 몇몇 인맥이 남아있다 하더라도 제가 다녔던 회사에서만 인재를 찾는 것이 아니잖아요. 다른 수많은 회사에서 후보자를 물색해야 하기 때문에 큰 이점은 없다고 봐요. 일부 대기업의 경우 몇 년 동안은 동종업계로 이직할 수 없게 해 놓는 경우도 있고요. 출신 기업보다는 어디에서 근무했던 자신이 일했던 산업 분야의 지식을 완전히 갖추는 것이 더 유리하다고 생각해요.

일을 하면서 생기는 어려움이나
문제는 어떻게 해결하세요?

편 일을 하면서 생기는 어려움이나 문제는 어떻게 해결하세요?

윤 어떤 일이든 하다 보면 어려움이 생기기 마련이죠. 저 역시 이 일을 하면서 여태껏 듣도 보도 못한 황당한 상황을 겪으며 스트레스를 받기도 했어요. 처음엔 이런 일이 생기면 며칠은 힘들어했는데 이젠 가능하면 빨리 잊어버리려고 노력하고 있어요. 진행 중인 건들이 많기 때문에 문제가 생겨 더 이상 처리가 불가능한 것들은 시원하게 보내주고 다른 건에 집중하고 있죠.

편 일을 할 때 가장 고민되는 부분은 무엇인가요?

윤 고객사의 요구 수준이 날이 갈수록 높아지고 있어요. 이제 기업은 자신들이 원하는 인재상에 100퍼센트 완벽하게 들어맞는 후보자를 원하고 있죠. 어떻게 하면 그 기대에 부응할 것인가가 저의 가장 큰 고민이죠.

편 진행이 더뎌서 힘들었던 경우도 있었나요?

윤 한 외국계 회사에서 IT 부서의 인재를 찾아달라는 요청을 해와 요건에 적합한 후보자를 추천했는데요. 한국 지사에서 3차 면접까지 보고 외국 본사와 화상 면접을 본 다음 직접 본사 직원들이 와서 최종 면접을 본 후에야 채용이 결정된 적이 있었어요. 거의 1년 가까이 이 건을 진행하느라 굉장히 진이 빠졌던 기억이 있죠. 보통은 이렇게 오래 걸리지 않아요. 짧으면 3개월 길면 6개월 정도가 걸리죠. 그렇기 때문에 여러 건을 동시에 진행하는 거고요.

일을 잘 수행하기 위해
따로 노력하고 있는 것이 있나요?

편 일을 잘 수행하기 위해 따로 노력하고 있는 것이 있나요?

윤 일단 고객사 HR 담당자나 제가 관리하고 있는 인재들과 좋은 관계를 유지하기 위해 노력하고 있어요. 직업과 관련된 콘퍼런스가 있으면 가능한 빠짐 없이 참석하려고 노력 중이고요. 그리고 담당하고 있는 IT 분야의 신기술이나 트렌드를 따라가기 위해 관련 서적을 읽거나 IT와 연관된 커뮤니티에 가입해 활동하고 있죠. 담당 분야만큼은 후보자들의 실력을 가늠하고 평가할 수 있는 수준이 되어야 하거든요.

조선일보와의 인터뷰

스트레스는 어떻게 해소하나요?

[편] 스트레스는 어떻게 해소하나요?

[윤] 처음 헤드헌터라는 직업을 갖게 되었을 때는 예상치 못한 변수가 발생하면 굉장히 힘들어했는데요. 19년 정도 이 일을 하며 너무나도 다양한 사례를 접하게 되면서 어떤 변수에도 영향을 덜 받게 되었죠. 그렇지만 가끔은 다소 심한 스트레스를 받기도 하는데, 그럴 때면 좋아하는 지인들을 만나 모임을 갖는 편이에요. 편안한 분위기에서 술도 한 잔 마시며 얘기를 나누다 보면 어느새 마음이 안정되더라고요. 혼자 시간을 보내고 싶을 때는 집에서 플레이스테이션 같은 콘솔 게임을 하며 스트레스를 풀기도 해요.

[편] 그만두고 싶다는 생각을 한 적은 없었나요?

[윤] 특별히 좌절감을 느꼈다거나 포기하고 싶은 마음이 든 적은 없었어요. 오히려 이 일을 통해 보람도 많이 느끼고, 남들은 쉽게 하기 힘든 방송 출연이나 강의도 하게 되고 책도 출간할 수 있게 되어 얻은 게 많다고 생각하는걸요.

편 슬럼프가 오면 어떻게 해결하나요?

윤 열심히 일하는 게 반드시 좋은 결과로 이어지는 것이 아니기 때문에 오래 일을 하다 보면 슬럼프가 오게 마련이죠. 저 역시 가끔은 슬럼프로 인해 일상이 삐걱거리기도 하지만 워낙 진행하는 건수가 많다 보니 계속 괴로워할 수는 없어요. 슬럼프가 와도 너무 심각하게 받아들이지 말자며 마음을 다잡고 툭툭 털고 일어나 업무에 집중하는 편이죠. 잘 될 때가 있으면 안 될 때도 있다는 긍정적인 마인드로 일하고 있어요.

성취감을 느끼는 순간은 언제인가요?

편 성취감을 느끼는 순간은 언제인가요?

윤 인재와 기업 모두가 만족하는 헤드헌팅이 성사되었을 때죠. 고객사는 훌륭한 인재를 추천해 줘서 고마워하고, 후보자는 좋은 회사를 소개해 줘서 감사해하면 그때만큼 보람된 순간이 없거든요. 물론 그런 부분이 수익으로도 연결이 되고요.

편 오랫동안 이 일을 꾸준히 해올 수 있었던 원동력은 무엇인가요?

윤 가장 큰 힘은 이 일이 저에게 잘 맞는다는 사실이에요. 앞에서도 얘기했지만 저는 사람들과 만나 대화하는 걸 즐기는데, 평소에 좋아하는 걸 업무를 통해 할 수 있으니 즐기며 일할 수 있었죠. 제 성향과 잘 맞는 일을 선택한 덕분에 여기까지 올 수 있었다고 생각해요. 헤드헌팅이 성사될 때마다 느꼈던 보람이나 수수료 역시 계속 나아갈 수 있게 하는 힘 중 하나고요. 아무리 일이 즐거워도 경제적인 부분이 만족스럽지 않으면 일을 계속해 나가기가 어렵잖아요.

사람들이 생각하는 헤드헌터와
실제 헤드헌터의 차이점이 있다면요?

편 사람들이 생각하는 헤드헌터와 실제 헤드헌터의 차이점이 있다면요?

윤 어떤 분들은 저희가 사람들과 만나 즐겁게 이야기하며 대접만 받고 다니는 줄 알아요. 하지만 그렇게 핑크빛 장면만 있는 건 아니죠. 실제로는 다양한 변수들로 인해 스트레스를 받기도 하고, 기본급과 퇴직금이 없기 때문에 경제적인 부분이나 미래에 불안감을 느끼기도 해요.

편 헤드헌터란 직업을 화려하게만 보는 분들도 있더라고요.

윤 화려한 직업처럼 보이지만 철저한 자기 관리와 전문적인 지식이 필요한 분야예요. 대화 몇 마디, 미팅 몇 번이면 일을 성사시켜 수수료를 받을 수 있겠다고 쉽게 생각해 헤드헌터를 시작했다 사라진 사람들도 많이 봤죠. 능력이 없으면 살아남기 힘든 직업이에요.

어떤 마음의 자세로 일하세요?

편 어떤 마음의 자세로 일하세요?

윤 기업에게 고액의 헤드헌팅 수수료를 받고 인재를 연결해 주고 있기 때문에 고객사에서 원하는 인재상에 최대한 적합한 사람을 추천하려고 노력하고 있어요. 추천하는 후보자에게는 이직이 인생에서 매우 중요한 포인트이기 때문에 기업은 물론 새 인생을 시작하려는 인재 역시 만족할 수 있도록 최선을 다하고 있고요.

편 일할 때 특히 신경 쓰는 부분이 있다면요?

윤 이직을 고려하는 후보자들 대부분이 경력직이라 가정이 있는 분이 많은데요. 그러다 보니 가족과 함께 지방에서 서울로 또는 서울 내에서 이사를 해야 하는 경우도 꽤 있죠. 그럴 때 모든 가족이 이사를 할 것인지부터 자녀의 학군까지 고려해야 할 사항이 매우 많아요. 이직이라는 중차대한 일과 후보자 개인의 인생에서 중요한 결정을 내려야 하는 순간이 맞물려 있기 때문에 가능한 후보자 입장에서 생각하고, 그분들이 충분히 만족할 수 있는 이직이 되도록 최대한 배려하고 신경 쓰고 있죠.

헤드헌터란

헤드헌터라는 직업에 대해 소개해 주세요.

편 헤드헌터라는 직업에 대해 소개해 주세요.

윤 주로 경력직 고급·전문 인력을 필요로 하는 업체를 대신하여 요구 조건에 맞는 인재를 찾아 평가하고 추천함으로써 구직자와 구인 업체를 서로 연결해 주는 일을 헤드헌팅이라고 하며, 이러한 일을 하는 사람을 헤드헌터라고 해요. 헤드헌터가 소속되어 있는 회사를 서치펌이라고 하고요.

편 고객사의 요구가 없는데도 회사에 맞는 인재라고 생각해 추천 하는 경우도 있나요?

윤 그런 경우가 있지만 매우 드물죠. 좋은 인재가 100명 있어도 기업에서 채용 계획이 있어야 헤드헌팅이 성사되거든요. 보통 대기업은 결원이 생겼을 때, 벤처기업은 새로운 업무가 생겼을 때 직원을 채용하기 때문에 그런 때가 아니라면 회사에 딱 맞는 인재라며 추천을 해 줘도 별 소용이 없죠.

편 어떤 사람들과 함께 일 하나요?

윤 저 같은 경우 서치펌을 총괄하는 대표님과 100여 명의 동료

헤드헌터, 어드민, 전산 관리자와 함께 일하고 있어요. 어드민은 계약서 발송이나 세금계산서 발행, 비품 관리 등의 업무를 하는 직원이에요. 전산 관리자는 전산과 관련된 인프라를 담당하는 직원이고요.

편 팀을 이뤄서 작업하나요?

윤 여러 명의 헤드헌터들이 하나의 팀을 이뤄서 작업을 하는 경우도 있지만 보통은 혼자 일하거나 두 명 정도가 작은 팀을 이뤄 협업을 하고 있어요. 예를 들어 저는 IT 분야를 전문적으로 담당하는 헤드헌터지만 가끔 다른 분야의 고객사가 생기기도 하는데요. 그럴 땐 해당 분야를 잘 아는 헤드헌터와 협업을 하기도 하죠.

구체적으로 어떤 일을 하나요?

📧 구체적으로 어떤 일을 하나요?

🧑 가장 중요한 업무는 헤드헌팅과 관련된 일이죠. 헤드헌팅이 이루어지려면 우선 고객사를 발굴해야 해요. 경력직 인재 채용을 원하는 신규 회사를 찾고 마케팅 작업을 통해 고객사로 만드는 것이죠. 고객사가 확보되면 그다음으로 업무 계약서와 JD를 작성해요. JD란 잡디스크립션Job Description, 즉 직무설명서를 말해요. 기업이 원하는 인재상에 맞춰 자격 요건이나 담당 업무, 직책, 복리후생 등의 정보를 담은 것이죠. 그다음 할 일은 후보자 찾기예요. 개인 DB나 잡 포털 사이트, 인맥, 지인 추천 등을 이용해 직무설명서의 상세 요건에 맞는 후보자들을 찾아 이력서와 자기소개서를 받고 꼼꼼히 살펴봐야 하죠.

요건에 가장 적합한 후보자가 가려지면 이 사람에 대한 평가서를 작성해요. 평가서에는 직무 중심의 경력사항과 학력 등의 객관적인 평가 자료와 함께 인성이나 이직 사유, 업무 수행 능력, 건강 상태까지 자세히 기술하죠. 철저한 분석 작업을 통해 평가가 끝나면 해당 후보자를 고객사에 추천해요. 고객사에서 면접을 원하는 경우 면접 일정을 잡고, 합격이 되면 연봉이나 직급 등을 협상할 때 중간에서 조율도 해요. 최종 합격이 되어 출근을 하게 되면 수수료를 청구하고, 이후 3개월간은 후보자 관리 업무를 하게 되죠. 헤드헌팅과 관련된 업무 외에도 산업 동향을 파악하고 직업군의 트렌드 변화를 주시하는 것도 평소에 늘 해야 할 일이에요. 저 같은 경우 공중파 방송에 출연하거나 강연을 하며 제 직업을 소개하기도 하죠.

편 후보자를 찾을 때 특별히 유의하는 사항이 있다면요?

윤 유의해야 할 사항이라면, 우선 고객사가 원하는 인재상에 맞는가 하는 것이에요. 항목 하나하나에 모두 충족하는 후보자를 찾는 것이 가장 중요하거든요. 하나라도 맞지 않으면 채용이 이루어지지 않기 때문이에요. 그다음으로 어학 능력이나 인성 검사 결과도 유의해서 보고, 현 직장은 물론 전 직장의 평판까지 체크하고 있죠. 여기서 아셔야 할 것은 헤드헌팅이 주로 경력직에서 이루어지기 때문에 어학 능력을 본다고 해도 토익 점수는 거의 보지 않는다는 사실이에요. 회화나 독해, 작문 등 실제 활용 능력 위주로 테스트를 하기 때문에 토익 점수는 별 의미가 없거든요. 그리고 특별한 이유 없이 직장을 자주 옮긴 후보자의 경우 실력이 좋아도 추천하기가 어렵죠.

후보자 면접

Talent Acquisition and Talent Management Worldwide

Executive Search & HR Consulting Group

업 무 계 약 서

회사명 (이하 "갑"이라 칭함)와 ㈜프로매치코리아(이하 "을"이라 칭함) 간에 상호 간의 합의에 따라 다음과 같이 계약을 체결한다.

제 1 조 (계약목적)

본 계약은 "갑"이 "을"로부터 인력 알선을 받음에 있어 "을"은 "갑"에게 적합한 후보자를 추천하여 그중 "갑"이 고용계약을 체결하는 과정과 고용 후 일정 기간 내에 발생할 수 있는 전반적인 사항을 규정하고, 양 당사자가 계약을 성실히 수행할 것을 목적으로 한다.

제 2 조 (위탁 수수료)

1. "갑"이 "을"에게 지불하여야 할 위탁수수료는 "갑"이 "을"로부터 추천받아 채용할 후보자에게 "갑"이 지급할 최초 연도의 연간 급여에 다음 표에 정해진 요율을 곱하여 정한다.

기준 연봉 (단위: 만 원)	요 율	근무 보증기간	비고 (VAT 별도)
5,000 미만	연봉의 20%	3개월	
5,000 이상 ~ 10,000 미만	연봉의 25%	3개월	
10,000 이상	연봉의 30%	3개월	

2. 여기서 기준 연봉이라 함은 최종 채용자에게 첫해 동안 지급될 연간 총 급여이며, 기본급 및 고정 성과급, 식대 및 차량 유지비를 포함하며, 이 외에 언급되지 않은 기타 사항은 수수료 대상에서 제외된다.

3. "갑"은 "을"이 추천하여 채용한 인재의 입사일을 기준으로 7 일 이내에 해당 수수료를 "을"에게 지불한다.

4. "갑"은 "을"이 추천한 자를 추천받은 일로부터 1 년 이내에 동일직무에 한하여 "을"의 동의 없이 "갑"의 임의대로 채용할 수 없다. 채용 시에는 "을"을 통해 채용한 것으로 하고 위탁수수료를 "을"에게 지불한다.

(주)프로매치코리아 표준계약서

Job
Propose 36

제 3 조 (근무기간의 보증)

피고용자가 보증 근무기간 내에 퇴사하는 경우 "을"은 "갑"과의 협의를 통해 다음의 보증 조치를 이행한다.

"을"은 피고용자의 퇴사 일로부터 4주 이내에 추가 수수료 없이 다른 후보자로 대체할 인원을 추천한다. 채용할 대체인력을 추천하지 못한 경우 "을"은 "갑"으로부터 받은 수수료를 "갑"의 청구가 있는 날로부터 다음 기준에 따라 환불한다.

"을"은 "갑"으로부터 지급받은 수수료 중 기초조사비 30%를 공제한 금액에서, 아래 환급률에 따른 금액을 환급한다.

환급률 = 수수료(30% 공제) X (90일 - 실 근무일 수) / 90일

제 4 조 (후보자 대체의 제외)

후보자 대체는 다음 각각의 사유가 있는 경우에는 적용되지 않는다.

1. "갑"이 최초 고용 시에 제시한 급여를 피고용자에게 지급하지 않거나, 후보자에게 최종 합격 시점 이전까지 통보되지 않은 직책, 직무, 근무지 변경 등의 기타 근무조건에 관한 합의를 이행하지 않은 경우

2. "갑"이 사업상의 불황 또는 회사 전략상의 이유로 피고용자 소속 부서의 폐지 등으로 퇴사할 경우

3. "갑"이 흡수합병 또는 매각으로 인하여 후보자의 자발적인 퇴직이 아닌 경우

제 5 조 (비밀준수 의무)

"갑"과 "을" 양 당사자는 후보자의 추천 과정에 의해 알게 된 업무상 일체의 비밀(사업영역, 기술개발 현황, 영업 비밀, 인력 운영계획 등)을 상대방의 승낙 없이 제3자에게 누설해서는 안 된다.

제 6 조 (이의 및 분쟁 해결)

1. "을"이 추천한 인재가 "갑"의 회사로 입사함에 있어, 동종업계 전직금지 조항 등으로 인해 법적 분쟁이 있을 시 "을"은 "갑"의 원만한 분쟁 해결을 위해 적극 노력한다.

2. 법적 분쟁 결과, 최종적으로 "을"이 추천한 인재가 "갑"의 회사에 근무를 하지 못하는 상황이 되

면 "을"은 퇴사자의 재취업 알선에 대한 책임을 지며, "갑"이 "을"에게 지급한 위탁수수료를 환불하거나 퇴사 일로부터 4주 이내에 추가 수수료 없이 다른 후보자로 대체할 인원을 추천한다.

3. 본 계약 조항의 해석에 관한 이의와 분쟁은 "갑"과"을" 양자 간의 상호 협의 하에 해결 한다.

제 7 조 (계약의 일부 무효)

본 계약의 조항은 관계법령에 저촉되지 않는 한 유효하게 해석된다. 일부의 조항이 관계법령에 저촉되거나 무효로 되는 경우, 그 부분만 효력이 없고 나머지 부분은 유효하다.

제 8 조 (통지의 방법)

이 계약과 관련한 모든 통지, 요구, 협의는 서면으로 이루어져야 하며, 그 서면은 직접 전달하거나 계약서에 명시된 주소로 등기우편을 보내거나 혹은 전자메일 또는 팩스 전송을 하여야 한다.

제 9 조 (계약의 효력 범위)

1. 본 계약은 양 당사자의 최종 합의하에 이루어진 것으로서 이 계약과 관련되어 본 계약 전에 이루어진 모든 서면 또는 구두에 의한 이해, 동의 또는 요구에 우선한다.
양방 간의 이견이 없으면, 본 계약은 서명날인 일자로부터 1년간 유효하다.

2. 계약 만료 전에 양방 간의 재협의 요청이 없을 경우, 동일한 조건하에 자동적으로 연장된 것으로 본다.

제 10 조 (계약의 효력 발생 시기)

본 계약서에 의해 계약은 계약서상의 계약 체결 일로부터 효력을 발생함을 증명하며, 양 당사자는 그날로부터 계약을 집행하고 실행한다.

제 11 조 (적용 법률 및 관할 법원)

본 계약의 구조, 유효성, 해석에 관한 모든 문제는 대한민국 법에 의하며, 본 계약에 관한 소송의 관할 법원은 "갑"의 관할 법원으로 한다. 다만, "갑"의 주소가 대한민국 밖에 있으면, 관할 법원은 "을"의 관할 법원으로 한다.

본 계약을 증명하기 위하여 계약서 2부를 작성하여 서명 날인 후 각각 1부씩 보관한다.

2020년 1월 29일

"갑" 주소:

상호:

대표자: (인)

"을" 주소: 서울특별시 강남구 테헤란로 524 삼성대세빌딩 3층

상호: ㈜프로매치코리아

대표자: 김 혜 종 (인)

📧 고객사와 후보자, 헤드헌터가 다 같이 만나는 경우는 없나요?

📧 예전에는 후보자를 직접 데리고 가서 고객사의 담당자에게 소개하고 면접을 보는 동안 밖에서 기다리기도 했는데요, 요즘엔 그렇게 하지 않아요. 후보자 대부분이 경력직이라 반차나 휴가를 내는 경우도 있지만 퇴근 이후에 면접을 보는 경우도 많아 시간을 맞추기가 힘들거든요. 거기다 고객사에서도 원하지 않는 경우가 대부분이고요. 대신 후보자에게 찾아갈 담당자 정보와 면접 시 나올 예상 질문이나 복장 등 면접에 유용한 팁을 알려주죠. 지원하는 회사의 분위기에 맞는 복장을 착용하는 것도 평가의 중요한 요소인데요. 편하게 입고 오라는 연락을 받은 경우 당황하는 후보자들이 꽤 많아요. 정말 편한 옷을 입어야 할지, 그래도 면접인데 정장을 입어야 할지 가늠이 잘 되지 않거든요. 그럴 때 해당 회사에 맞는 복장 조건을 조언해 주는 거죠. 실제로 몇몇 스타트업에서는 정장을 입고 오는 걸 불편해하기도 해요. 물론 대기업의 경우는 아직 정장을 선호하지만요. 면접이 끝나면 반대로 후보자에게 면접 소요 시간이나 질문 내용 등을 물어봐요. 그러면서 고객사에 대한 정보를 하나 더 축적하고, 면접 결과를 어느 정도 예상해 보기도 하죠.

헤드헌팅의 분야는 어떻게 나눠지나요?

편 헤드헌팅의 분야는 어떻게 나눠지나요?

윤 보통은 IT, 반도체, 소비재, 제약 등 자신이 전공했거나 근무했던 산업 분야에 따라 나뉘고 있어요. 저 같은 경우 전자계산학 전공에 IT 회사 출신이라 관련 분야에 대해 잘 알고 있기 때문에 이 영역을 주로 다루고 있죠. 회사 내 다른 분들도 마찬가지고요. 간혹 모든 분야를 다루는 분도 있는데, 그런 경우 전문적으로 보이지 않아 오히려 일 처리가 어렵기도 하죠. 저 역시 처음 헤드헌터로 일하기 시작했을 때는 다양한 직군의 채용을 맡으려고 했어요. 하지만 개인 DB가 중구난방이 되어 효율적으로 일할 수가 없더라고요. 막상 기업에서 의뢰를 받아도 권할 후보자를 찾는 것이 힘들었고요. 한 우물만 파자는 생각으로 제가 가장 잘 할 수 있는 IT 업계만 전문적으로 다루기 시작했죠. 그러다 제 전문 분야가 아닌 고객사가 생기면 해당 분야 전문 헤드헌터와 협업을 하고요.

편 특히 첨단 기술 분야에서 헤드헌팅이 활발하게 이루어진다고 들었어요.

윤 네, 맞아요. 기업의 사활을 결정해야 하는 사업이나 첨단 기술 분야에서 헤드헌팅이 활발하게 진행되고 있죠. 제가 담당하는 IT 영역 중에서도 모바일 앱 개발이나 핀테크, 게임 분야에서 헤드헌팅을 이용한 인재 채용이 매우 많은 편이고요. 구체적으로 얘기하자면 안드로이드나 iOS 앱 개발자, UI/UX 디자이너, 빅데이터 전문가, 마케팅 전문가 등을 찾는 고객사가 점점 늘고 있죠.

회사 내에서 이루어지는 협업,
함께 일하는 이야기도 들려주세요.

편 회사 내에서 이루어지는 협업, 함께 일하는 이야기도 들려주세요.

윤 회사 내에는 혼자서만 일하는 사람들도 있지만 저는 종종 협업을 하기도 해요. 특히 진행하는 건이 많다면 협업을 통해 일의 속도를 올리는 편이죠. 제가 담당하는 IT 산업 분야가 아닌 곳에서 의뢰를 받았을 때도 협업을 통해 진행하고요. 이런 경우 회사에 공동 작업을 요청하게 되면 해당 건을 전담해서 찾아주는 헤드헌터와 자연스럽게 팀 작업이 이루어져요. 제 경우 헤드헌팅이 성사되는 건의 절반 정도가 이런 공동 작업으로 이뤄지기 때문에 직원들 간의 파트너십도 일을 유연하게 진행하는데 상당히 중요한 요소로 작용하고 있죠.

언제부터 이 직업이 생겼는지 궁금해요.

편 언제부터 이 직업이 생겼는지 궁금해요.

윤 정확한 기록은 없지만 1929년 미국에서 대공황의 여파로 실직자가 쏟아져 나오며 실업이 사회 문제로 대두되자 헤드헌팅이 처음 등장했다는 것이 정설이에요. 우리나라의 경우 1980년대 중반에 처음 이 직업이 소개되었어요. 1988년 서울올림픽대회 전후로 외국계 기업들이 국내의 인력을 대규모로 채용하면서 헤드헌터라는 직업이 알려지게 되었고, IMF 경제 위기 당시 평생직장이라는 개념이 사라지고 이직이 활발해지면서 자연스럽게 헤드헌팅을 통한 채용이 늘어나게 되었죠. 이에 노동부는 1997년 9월 헤드헌터가 연봉 20퍼센트 이내의 수수료를 받고 합법적으로 일할 수 있도록 하였고요.

우리나라의 헤드헌터는 몇 명인가요?

🔲 우리나라의 헤드헌터는 몇 명인가요?

🔲 헤드헌터협회가 따로 없고, 1인 회사도 상당수 있기 때문에 정확하게 파악하기는 힘들지만, 서치펌의 수는 대략 1,000여 개 정도이고 활동하는 헤드헌터는 1만 명 이상 될 것 같네요.

🔲 남녀 비율은 어떻게 되나요?

🔲 7대 3 정도로 남성이 많은 편이에요. 제가 일하는 곳 역시 남성 직원이 훨씬 많죠. 헤드헌터로 일하는 여성의 수는 적지만 능력이 뛰어난 분들이 많은 것 같아요. 저희 회사만 해도 여성분이 연봉 1위를 하는 일이 종종 있더라고요.

외국의 헤드헌터와 다른 점이 있나요?

[편] 외국의 헤드헌터와 다른 점이 있나요?

[윤] 하는 업무는 같지만 외국에서 먼저 시작된 만큼 헤드헌터에 대한 인식이나 인지도가 높은 편이죠. 미국 등의 선진국에서는 기업의 임원 및 직원 채용은 물론 경영 컨설팅까지도 헤드헌터에게 의뢰하는 일이 많고요.

[편] 국내보다는 해외에서 더 좋은 대우를 받나요?

[윤] 해외에서는 미래 유망 직업을 조사하면 헤드헌터가 늘 상위권에 속할 만큼 좋은 직업으로 손꼽히고 있어요. 그런 결과를 보면 아마 연봉도 높을 것 같네요. 게다가 우리나라와 달리 수수료와는 별도로 선수금을 받고 헤드헌팅을 진행하기도 해요. 선수금의 경우 후보자가 채용되지 않는다고 해서 돌려줘야 하는 게 아니라 경제적으로 상당한 도움이 될 거라 생각해요.

수요는 많은가요?

편 수요는 많은가요?

윤 대기업은 물론 외국계 기업, 벤처기업, 스타트업 등에서 전문성을 갖춘 경력직 인재에 대한 수요가 늘어나면서 헤드헌터의 수요 역시 증가하고 있어요. 고용노동부에서 발표한 2016년부터 2026년까지의 중장기 인력 수급 전망에서도 향후 10년간 헤드헌터의 고용은 연평균 1.2퍼센트 증가할 것으로 보고 있죠.

미래에도 필요한 직업인가요?

💬 미래에도 필요한 직업인가요?

💬 전에 갔던 세미나에서 보니 AI가 채용 업무를 일부 대신하고 있더라고요. 회사 정보와 이력서를 입력하면 기업과 인재를 매칭하기도 하고, 간단한 질문을 통해 후보자의 능력을 파악하기도 하고요. 하지만 채용이란 게 인풋을 넣으면 아웃풋이 나오는 공식처럼 단순하게 진행되는 경우는 거의 없어요. 초기 이력서를 선별하는 단계까지는 AI가 충분히 할 수 있지만, 업무 수행 능력이나 인성을 파악하는 활동에서는 사람의 역할이 반드시 필요하다고 생각해요. 일을 진행하는 동안 발생하는 다양한 변수를 처리하는 일도 마찬가지고요.

대신 계속해서 변화하고 있는 산업 전반에 대해 늘 관심을 기울이고 공부해야 하겠죠. 몇 년 전만 해도 일반적인 기업에서 인재를 찾는 일이 많았지만, 이젠 인공지능이나 가상현실, 빅데이터와 같은 4차 산업혁명에 해당하는 분야의 채용 시장이 활발하거든요. 면접을 볼 때도 다양한 매체를 활용하기 시작했고요. 이러한 시대의 흐름을 잘 파악하고 기술의 발전에 따라 축소되는 업무는 기계에게 맡기더라도 여전히 남아있는 인간만이 가능한 영역에서만

큼은 더욱 성장하기 위해 노력한다면 미래에도 여전히 헤드헌터의
자리는 유효할 거라 생각해요.

헤드헌터가
되는 방법

5 4 3 2

헤드헌터가 되려면
어떤 과정이 필요한가요?

[편] 헤드헌터가 되려면 어떤 과정이 필요한가요?

[윤] 보통은 대학교를 졸업하고 회사에 취업해 사회 경험을 쌓은 후 서치펌에 입사해 헤드헌터가 되죠. 서치펌에서 헤드헌터를 채용할 때 특정 전공이나 자격을 요구하지는 않아요. 대신 하나의 산업 분야에서 어느 정도의 경력을 쌓았는가, 관련 분야에 대한 일정 수준 이상의 지식을 갖췄는가를 중요하게 생각하죠. 경력이 있는 분이라면 서치펌의 홈페이지나 잡 포털 사이트의 헤드헌터 채용 공고를 보고 지원하면 헤드헌터가 될 수 있어요. 잡 포털 사이트에 자신의 이력서를 올려놓으면 스카우트 제의를 받게 될 수도 있고요. 저처럼요. 처음 헤드헌터에 도전한다면 기반이 잘 갖춰진 대형 서치펌에서 안정적으로 출발하는 것을 추천해요.

[편] 사회 경험이 없으면 헤드헌터가 될 수 없나요?

[윤] 사회 경험이 없다고 될 수 없는 건 아니지만 경력이 없다면 자신이 맡게 될 전문 분야에 대한 경험이나 배경지식이 부족하다 보니 일하기가 쉽지는 않을 거예요. 실제로 저희 회사에서 처음 사회

생활을 시작하는 신입 헤드헌터가 있었는데요, 그런 이유로 오래 버티지 못하더라고요. 서치펌 역시 한 산업 분야에서 어느 정도 근무해 인맥 활용 범위가 넓고, 담당하는 업계의 흐름을 더 잘 파악할 수 있는 경력자를 우대하고 있죠.

편. 헤드헌터들은 보통 어떤 직업을 거치나요?

윤. 굉장히 다양해요. 대기업의 인사과에서 직원들의 채용과 관리, 부서 이동 등을 담당했던 분도 있고, 임원의 비서로 일했던 분도 있어요. 은행이나 증권사의 간부, 중소기업의 대표로 있었던 분도 있고요. 산업 분야의 수만큼 다양하다고 말할 수 있겠죠.

편. 입사 후 바로 일하게 되나요?

윤. 보통 서치펌에 입사하게 되면 기본적인 실무 교육을 해 줘요. 사내에서 통용되는 계약서 양식이나 이력서 양식 등 업무에 필요한 자료도 제공해 주고요. 간단한 교육이 끝나면 바로 일을 시작할 수 있는 환경이 만들어지죠.

유리한 전공이 있나요?

편 유리한 전공이 있나요?

윤 헤드헌터가 되기에 유리한 전공은 따로 없어요. 자신이 좋아하는 학문을 택하면 그것이 가장 유리한 전공이라고 할 수 있죠. 좋아하는 공부를 하며 해당 분야의 지식을 쌓고 관련 분야에 취업해 경력을 쌓으면 그 분야에서 능력 있는 헤드헌터가 될 수 있어요. 예를 들어 자신이 경영학에 관심이 있다면 경영학과에 진학해 가능한 많은 과목을 수강하세요. 강의를 들으며 기업 경영이나 조직 행위에 대해 이해하게 되면, 나중에 헤드헌터가 되어 기업의 담당자들과 소통할 때 도움이 되겠죠.

학창 시절에 어떤 준비를 하면 좋을까요?

<img> 학창 시절에 어떤 준비를 하면 좋을까요?

<img> 아직 어린 학생이라면 최대한 많은 경험을 해 봤으면 해요. 악기를 배운다든지 운동을 한다든지 요리를 해 본다든지 영상을 편집해 본다든지 공부 외에도 할 수 있는 게 정말 많잖아요. 기본적으로는 학업에 충실해야겠지만 일주일에 하루 정도는 내가 좋아하는 일, 관심 있는 일을 해 보면 좋을 것 같아요. 그러면서 새로운 친구도 사귈 수 있다면 더 좋겠죠? 학교에서 진행하는 직업체험 프로그램이 있다면 적극적으로 참여해 보길 바라고요. 세상의 수많은 직업을 간접 경험해 볼 수 있는 좋은 방법이거든요.

어릴 때부터 신문 기사나 각계각층의 전문가들이 쓴 칼럼 등을 읽으며 시사 상식을 쌓는 것도 추천해요. 다양한 분야의 사람들과 대화를 나눌 때 이야기를 이어나가는 좋은 소재가 되거든요. 대학생이라면 동아리 활동이나 봉사활동, 국제 교류 프로그램, 어학연수 등을 권하고 싶어요. 이런 활동을 통해 우리 사회의 다양한 문화와 생각을 나눌 수 있죠. 복수 전공을 하거나 교양 수업을 듣는 것도 새로운 분야를 알아갈 수 있는 좋은 기회고요. 헤드헌터가 되어 외국계 기업을 담당하길 원한다면 어학 능력을 키우는 것도 필

요하겠죠?

필요한 자격이 있나요?

편 필요한 자격이 있나요?

윤 헤드헌터가 되는데 어떤 자격이 필요한 것은 아니에요. 올해 2월 제1회 헤드헌터 민간자격시험이 있었는데요. 이는 한국취업컨설턴트협회라는 곳에서 등록한 민간 자격이지 국가가 공인하는 것은 아니에요. 꼭 필요한 자격은 없지만 일부 헤드헌터들은 국가기술자격인 직업상담사나 국가전문자격인 공인노무사 자격증을 보유하고 있는 경우도 있어요. 직업상담사 자격이 있다고 해서 헤드헌팅을 잘하는 것은 아니지만 자격증을 취득하기 위해 공부했던 심리학이나 노동관계법규 등이 후보자들과의 상담 시에 유용하게 쓰이는 부분이 있다고 해요. 공인노무사 자격 역시 시험을 준비하며 인사노무관리에 대해 공부한 것이 일하는 데 도움이 되기도 하고요.

외국어를 잘하면 유리한가요?

<img> 외국어를 잘하면 유리한가요?

<img> 외국어가 필수는 아니지만 잘하면 유리하죠. 외국계 기업의 경우 국내의 경영 환경에 익숙하지 않고 우리나라 노동 시장에 대한 이해가 부족해 서치펌에 채용을 의뢰하는 일이 많은데요. 외국계 고객사는 영어로 작성된 JD를 주기 때문에 이를 분석하기 위해서는 어느 정도의 독해 능력이 필요하죠. 담당자와의 소통에도 기본적인 회화 실력이 요구되고요. 영어에 능숙하지 못하다면 인공지능 번역기 등을 활용할 정도는 되어야 하겠죠?

어떤 자질을 갖추어야 하나요?

편 어떤 자질을 갖추어야 하나요?

윤 가장 중요한 자질은 커뮤니케이션 능력이에요. 후보자와 고객사를 조율하고 그들 각자와 소통하려면 커뮤니케이션 능력은 필수죠. 저 같은 경우 IT 분야를 전문으로 하기 때문에 고객사의 인사 담당자 외에도 관련 부서에 속한 개발자나 디자이너와도 협업을 하고 있는데요. 다른 분야의 헤드헌터도 마찬가지예요. 그들의 전문 분야와 관련된 부서와의 협업이 필요하면 해당 직원들과도 함께 일해야 하죠. 다양한 사람들과 함께 일하고 늘 새로운 사람을 만나야 하는 만큼 매끄러운 의사소통 능력은 반드시 필요해요.

두 번째로 중요한 자질은 직무 분석 능력이에요. 기업에서 요구하는 사항을 정확히 파악해서 적절한 후보자를 추천할 수 있는 직무 분석 능력도 반드시 필요한 자질이죠. JD의 요구 사항을 이해하기 위해선 자신의 전문 분야에 대한 지식과 경험이 반드시 필요하고요. 더불어 자기 관리와 시간 관리에 철저한 사람이 이 일을 하는데 적합해 보여요. 대부분의 업무를 자율적으로 수행해야 하는데, 자신이나 시간을 잘 관리하지 못한다면 일이 수월하게 진행되기 어렵거든요. 사람들을 소개하는 일인 만큼 인맥을 관리하는 능력도 중요하고, 새로운 고객사와 인재를 찾기 위해서는 도전 의식과 승부욕도 필요하고요.

📧 사람 보는 눈도 있어야겠죠?

📧 그렇죠. 사람을 보는 눈도 중요한 요소죠. 예리한 시선으로 사람을 꿰뚫어 보는 통찰력이 필요한 일이거든요. 한 고객사에 복수의 후보자를 추천하는 일도 있는데요. 만약 한 기업에 다섯 명의 후보자를 추천했다면 고객사의 의향과 후보자의 면면을 확실하게 이해해 그중 어떤 사람을 가장 강조해야 입사 확률이 높아질지 정도는 파악할 수 있어야 하죠. 보통은 실제 면접 전에 후보자를 미리 만나 모의 면접을 해 보기도 하고, 만남이 어려우면 통화를 하며 시뮬레이션을 해 보는데요. 이젠 후보자의 이력서만 봐도 그 사람이 어느 정도 파악이 되죠.

📧 이력서만으로 사람의 성격이나 인성을 파악하는 것이 어렵지 않나요?

📧 의외로 어렵지 않아요. 일상생활에서도 전화 통화나 이메일, 문자, 카톡의 내용만으로 상대방의 성향을 어느 정도는 짐작할 수 있잖아요. 적극적이고 성실한 후보자들의 이력서는 한두 줄만 읽

어도 달라요. 긍정적인 태도나 매우 고심했던 흔적이 글에 다 묻어 나거든요. 반대로 불성실한 후보자들의 이력서나 자기소개서에 서는 절대 정성을 발견할 수 없어요. 그런 후보자들은 대부분의 질문 에 단답형으로 대답하고, 저한테 문자를 보낼 때도 성의 없이 아주 짧게 보내죠.

어떤 성격이 잘 맞을까요?

편 어떤 성격이 잘 맞을까요?

윤 사람을 좋아하는 밝은 성격이면 좋겠어요. 일의 특성상 다양한 분야에서 일하는 분들과 계속해서 만나며 관계를 쌓아나가야 하기 때문에 사람들과 어울리는 것을 좋아하고 대인관계가 원만한 사람이 이 일과 잘 맞거든요. 낯선 사람에게 연락을 해야 하는 일도 많기 때문에 새로운 만남이나 시도에 두려움이 없고 도전 정신을 가진 분, 길게는 수개월이 걸리는 헤드헌팅을 성사시키기 위해 끈질기고 꾸준하게 노력하는 태도를 가진 분도 헤드헌터에 잘 맞을 것 같네요.

편 이 일을 하기 어려운 성격이 있다면요?

윤 음, 고집이 세거나 소심한 분들이라면 좀 힘들지도 모르겠어요. 헤드헌팅을 하다 보면 크고 작은 변수가 생기기 마련인데, 상황에 따라 유연하게 대처하지 못하고 자신의 의견을 밀어붙인다면 일이 잘 진행될 리가 없잖아요. 변수 중에는 최종 입사 결정이 난 상황에서 후보자가 갑자기 결정을 번복하는 경우도 있는데요. 그럴 때 소심한 분들은 충격에 빠져서 한동안 헤어 나오지 못하더라

고요. 유연하지 못하거나 대범하지 못한 분들은 이 일을 하는데 다
소 어려움이 있어 보여요.

유학이 필요한가요?

편 유학이 필요한가요?

윤 헤드헌터가 되기 위해 유학을 갈 필요는 없어요. 다만 새로운 환경에서의 이색적인 경험과 글로벌한 인맥 형성이 나중에 도움이 될 수는 있겠죠.

헤드헌터가 되면

5 4 3 2

연봉은 어느 정도인가요?

[편] 연봉은 어느 정도인가요?

[윤] 성과급제이기 때문에 헤드헌터 개인의 능력에 따라 연봉은 천차만별이에요. 상위 헤드헌터들의 경우 억대 연봉을 받고 있지만 일반 직장인보다 훨씬 적은 연봉을 받는 분도 있기 때문에 평균 연봉도 얼마라고 말하기 힘들고요.

[편] 앞서 고객사에게만 수수료를 받는다고 하셨는데요. 수수료의 금액은 어떻게 책정되나요?

[윤] 맞아요. 얘기한 대로 헤드헌터는 후보자에게 수수료를 받지 않아요. 저희가 추천한 후보자가 최종 면접에 합격해 출근을 시작하게 되면 그때 고객사로부터 수수료를 받게 되죠. 그 금액은 후보자의 연봉을 기준으로 결정돼요. 저 같은 경우 후보자가 대리나 과장과 같은 일반 직급인 경우 연봉의 15~25퍼센트 정도를 수수료로 받고 있어요. 임원인 경우에는 30퍼센트 이상을 받기도 하고요. 그런데 일을 하다 보면 가끔 그 이하의 수수료를 요구하는 기업도 있는데요. 15퍼센트 이하의 수수료는 받지 않는다는 제 나름대로의 원칙이 있기 때문에 협상을 통해 그 이상을 요구하고 있죠.

aims Promatch

거 래 명 세 표 (Invoice)

- 수   신:
- 참   조:
- 제   목: 채용 컨설팅 비용 청구의 件

귀사의 발전을 진심으로 기원합니다.

저희 (주)프로매치코리아에 의뢰해 주신 인재 추천 요청에 따라 당사가 추천한 인재가
채용이 확정됨에 따라 아래와 같이 채용 컨설팅 비용을 청구하오니 처리를 부탁드립니다.

- 아   래 -

1. 채용인원:

2. 출근일자:

3. 연봉:

4. 청구금액:

5. 입금계좌:

※ 별첨: 전자계산서 "끝"

대표이사 김 혜 종

(주)프로매치코리아 거래명세표

📵 처음 이 일을 시작하고 나서 첫 수수료를 받기까지의 기간은 어느 정도나 되나요?

📵 기업에 후보자를 추천하고 그 사람이 채용되기까지의 기간은 빨라야 3개월이에요. 구체적인 예를 하나 들어볼게요. 만약 제가 1월 1일에 한 기업으로부터 인재 한 명을 찾아달라는 오더를 받았다고 해 봐요. 우선 인재상에 맞는 후보자를 물색하는데 2~3주 정도가 걸려요. 다양한 경로를 통해 적합한 사람을 찾게 되면 1월 중순이나 말경에 면접을 하게 되죠. 심사 기간을 거쳐 2월 초에 합격 결과가 나왔다면, 이제 이분이 기존에 근무하던 회사에서 인수인계할 시간이 필요해요. 그 기간이 또 2주에서 한 달 정도가 걸리죠. 빠른 경우로 가정해 2월 15일부터 고객사에 정상 출근할 수 있게 되었다면, 그제야 저희가 컨설팅 수수료를 청구할 수 있어요. 출근 당일 입금해 주는 회사도 있지만 이건 드문 경우고, 대부분은 일주일 정도 후에 입금을 하죠. 만약 익월 15일 결제라는 회사 내부 규정이 있는 경우에는 3월 15일이 되어야 수수료를 받을 수 있고요.

직급 체계가 있나요?

편 직급 체제가 있나요?

윤 일반 회사와 유사하게 경력이나 나이에 따라 직급이 정해지는
데요. 일의 특성상 굉장히 평등한 관계가 형성되어 있어 상하 관계
로 인한 스트레스는 전혀 없어요. 헤드헌터라는 직업의 장점 중 하
나죠.

근무 시간은 어떻게 되나요?

편 근무 시간은 어떻게 되나요?

윤 일반 직장인과 달리 출퇴근 시간이 자유로운 편이에요. 그런 만큼 자기 관리나 시간 관리가 무엇보다 중요하죠. 저 같은 경우 별다른 일이 없으면 매일 비슷한 시간대에 출퇴근하고 있어요. 아무래도 정해진 일정이 없으면 리듬이 깨지기 쉽기 때문에 제 나름대로 시간을 관리하고 있는 것이죠. 헤드헌터는 본인의 의지에 따라 업무를 유동적으로 조정할 수 있기 때문에 개인적인 일이나 자기개발을 위한 시간을 낼 수 있다는 장점을 가진 직업이에요. 하지만 시간을 철저하게 관리하지 않는다면 소중한 시간을 허비하거나 무의미하게 사용할 수 있기 때문에 헤드헌터에게 있어 자기 관리를 얼마나 엄격하게 하는가는 매우 중요한 자질이에요.

편 휴일 근무는 없나요?

윤 회사가 주 5일 근무제를 시행하고 있어 휴일에는 사무실에 나가지 않아요. 하지만 필요한 경우 집에서 후보자와 연락을 취하기도 하죠. 후보자들이 경력직이다 보니 휴일에 통화를 하는 경우도 있거든요. 주말에 집에서 이력서를 검토하거나 수정하는 업무를 하기도 하고요.

근무 여건은 어떤가요?

편 근무 여건은 어떤가요?

윤 근무 여건은 좋은 편이에요. 서치펌은 업무에 관련된 것은 무엇이든 제공해 주며 헤드헌터가 일에만 집중할 수 있는 환경을 조성해 주고 있어요. 대형 서치펌의 경우 근무 환경은 더 좋고 회사의 위치까지 이동 동선이나 고객들과의 만남에 유리한 편이고요. 서치펌에서 일하는 헤드헌터들은 사실 각자가 개인사업자나 마찬가지라 서로를 존중하며 예의를 잘 지키고 있어요. 협업을 하기도 하는데 그땐 협력을 해야 하니 더더욱 매너 있게 행동하게 되고요. 그런 분위기 덕분에 일반 회사처럼 상사나 직장 동료로 인한 스트레스는 전혀 없죠.

편 복지 여건은 어떤가요?

윤 글쎄요. 급여 외에 다양한 복지 혜택이 주어지는 직장에 비하면 여건이 그다지 좋은 편은 아니라고 할 수 있죠. 하지만 출퇴근 시간이 자유로우며 상하 관계가 없고 업무 외에는 신경 쓸 것이 전혀 없어 오직 자신의 일에만 집중할 수 있는 환경이 복지 혜택을 상쇄한다고 생각해요.

산책 중에

노동 강도는 어느 정도인가요?

[편] 노동 강도는 어느 정도인가요?

[윤] 저희와 같은 사무직의 경우 기본적으로 심한 육체노동을 하는 것이 아니니 근무 시간이나 긴장도 면에서 얘기하는 게 좋겠네요. 우선 출퇴근 시간이 자유로워 시간에 구애받지 않고, 상하 관계가 없어 직장 상사로 인한 스트레스는 없어요. 하지만 헤드헌팅 도중에 생기는 다양한 변수나 고객사와 후보자를 관리하는 일에서 다소의 스트레스가 발생하기도 하죠. 종합해 보면 일반 회사원과 비슷한 수준의 노동 강도라고 할 수 있겠네요.

정년이 있나요?

📷 정년이 있나요?

📷 정년은 따로 없어요. 자신이 원하고 능력만 있다면 평생 일할 수 있는 직업이죠. 실제로 제가 근무하는 서치펌에도 연세 많은 분들이 근무하고 있어요. 100세의 삶이 보편화되는 시대에서는 단순히 오래 살거나 건강한 것만이 중요한 요소는 아니잖아요. 60대 이후에도 회사에 나가 일을 하며 돈을 벌 수 있다는 건 굉장히 매력적인 부분이죠.

직업병이 있나요?

편 직업병이 있나요?

윤 모든 헤드헌터가 그런 건 아닐 텐데 저 같은 경우 어떤 모임에 가서 새로운 분을 보게 되면 무슨 일을 하는 사람인지 너무 궁금해져요. 제가 생각해도 뜬금없지만 궁금증을 참지 못하고 처음 보는 사람에게 다가가 무슨 일을 하냐고 묻곤 하죠. 사람들의 직업에 관심이 많아도 너무 많다는 게 제 직업병이에요.

처음 헤드헌터가 됐을 때
가장 걱정되었던 점은 무엇인가요?

편 처음 헤드헌터가 됐을 때 가장 걱정되었던 점은 무엇인가요?

윤 제가 이 일을 시작할 당시에는 헤드헌터라는 직업이 많이 알려지지 않았어요. 고객사와 인재를 확보하기 위해 기업의 인사 담당자를 만나거나 후보자를 만날 때마다 제 직업에 대한 설명이 선행돼야 했죠. 그러다 보니 초반에는 사람들에게 헤드헌터에 대한 개념과 필요성을 잘 납득시킬 수 있을까 하는 걱정이 많았어요. 다행히 타고난 친화력으로 인해 편안한 분위기에서 제 얘기를 시작할 수 있었고, 많은 분들이 긍정하고 이해해 주셔서 여기까지 오게되었네요.

다른 분야로도 진출이 가능한가요?

[편] 다른 분야로도 진출이 가능한가요?

[윤] 헤드헌터로 일하다 일반 기업의 사내 채용 담당자로 가는 경우도 있고, 강연이나 방송, 컨설팅 분야로 진출하는 경우도 있어요. 다른 분야는 아니지만 헤드헌터로서의 경력이 쌓이면 창업을 통해 직접 서치펌을 운영할 수도 있고요.

현재의 삶에 만족하세요?

편 현재의 삶에 만족하세요?

윤 제시간을 탄력적으로 운영할 수 있고, 자유롭게 일할 수 있는 점이 정말 만족스러워요. 일한 만큼 충분한 보상이 따르고 정년도 따로 없으니 평생 직업으로 삼고 싶죠. 19년 전으로 돌아간다 해도 같은 선택을 할 것 같네요. 자유로움이라는 이 직업의 특성 덕분에 헤드헌터로서 할 수 있는 많은 일을 해 봤다는 생각이 들어요. 방송도 하고 강연도 하면서 이 직업을 소개할 수 있었잖아요. 책을 써보진 못했는데 이렇게 기회가 왔고요. 여기서 좀 더 욕심을 내자면 공중파에서 제 이름 석 자를 걸고 직업과 관련된 방송을 진행하고 싶어요. 그게 지금의 제 목표죠.^^

편 다시 태어나도 헤드헌터가 되고 싶으세요?

윤 이 직업에 대한 후회는 없지만 한번 해 봤으니 다시 태어난다면 다른 일을 해 보고 싶어요. 광고 카피라이터나 연예인에 대한 로망이 있거든요. 무엇보다 방송 일에 관심이 많은 것도 그런 로망이 있어서죠.

중, 고등학교에서 진로 특강

나도 헤드헌터

합격으로 가는
자기소개서 작성법

IT 대기업의 검색 기획 분야에 지원하는 A의 자기소개서를 받았어요. 수정하거나 보완해야 할 부분이 몇 군데 보이네요. 여러분도 A가 쓴 내용을 살펴보고 어떻게 하면 더 나은 자기소개서가 될지 생각해 보세요. 여러분이 헤드헌터라면 후보자에게 어떤 조언을 해줄 수 있을까요?

A의 자기소개서

성장 과정

중, 고등학생까지의 성장 과정에서는 저는 남들보다 앞서고 잘나 가라고 배웠습니다. 학업에서도 운동에서도, 일상생활 곳곳에서 경쟁만을 배웠습니다. 하지만 대학생이 되고 스스로에 대해서 이 기적이라는 말을 듣게 되었습니다. 앞으로 사회생활과 스스로의 발전을 위해서도 단점이라 생각하였고 이기적인 성격을 고치고자 봉사활동을 하게 되었습니다. 지금은 현재 장애인 봉사활동과 자 유학기제 중학생을 대상으로 봉사활동을 하고 있습니다. 봉사활동 에서 타인에 대한 배려와 매너에 대해서도 많은 것을 배웠고, 다양 한 세대에 대한 이해와 다양한 조직을 파악하고 분석하는 시야를 얻을 수 있었습니다.

성격 (장/단점)

저를 한마디로 표현하자면 하나의 로켓이라고 말하겠습니다. 한발 의 로켓을 발사하기 전까지는 수많은 시행착오와 조정 단계를 거 칩니다. 저도 마찬가지로 하나의 결정을 1. 느리기까지 다소 긴 의 사 결정의 단계를 거치더라도 정확하고 유의미한 결정을 내리고자 합니다. 하지만 정확성을 기준으로 상황을 판단하다 보면 의사 결 정 과정이 길어지고 결정에 있어서도 우유부단하며, 2. 타인에 대한 이해심이 다소 부족하였습니다. 그러한 스스로를 반성하고 여러 개선 활동을 시작하였습니다. 첫 번째로 원활한 의사 결정에 도움이 되고자 데이터에 관한 공부를 시작하였습니다. 의사 결정에 영향을 미치는 다양한 요소들을 데이터화하고 비교하였습니다. 데이터로 인한 변화와 응용을 알게 되었으며, 이성적이고 논리적인 데이터의 매력을 알게 되었습니다. 두 번째로 타인에 대한 이해를 높이고자 3. 봉사활동을 하고 있습니다. 봉사활동을 통해 다양한 세대를 이해하며 각각의 처지에 맞는 적절한 도움을 주고자 앞장서서 노력하였습니다. 이렇게 저는 논리 정연한 데이터처럼 냉정한 이성과 타인을 배려하고 도움을 주는 따뜻한 감성을 모두 갖춘 인재입니다.

지원 동기 및 입사 후 포부

빅데이터 전문가를 꿈꾸는 청년입니다. 수많은 분야에서도 저는 사람과 제일 가까운 금융, 소비자평가 분야의 데이터 전문가가 되고자 합니다. 데이터 전문가가 되기 위해서는 통계학적 역량이 필요할 겁니다. 통계학 역량에는 단순히 통계 프로그래밍을 하는 기술뿐만 아니라 현장에서의 경험이 중요하다고 생각합니다. 아무리 뛰어난 기술이라도 적용시킬 산업에 대한 이해도 없이는 무용지물이 될 것입니다. 저는 회사에서 일하면서 데이터 분석 처리 능력과 함께 금융, 소비자 평가 플랫폼 사업에 대한 1. 이해를 배우고자 지원하게 되었습니다. 회사에 입사 후 저는 회사를 개선하고 100 퍼센트 이상 성장시킨다는 등 허황된 꿈보다는 당장 제 앞에 주어진 업무와 책임에 집중하고자 합니다. 현장에서 직접 데이터를 통계 처리하고 출력된 정보는 어디에서 어떻게 사용되는지 하나하나 배워 나갈 생각입니다. 스스로의 업무 분야를 숙달하게 된다면 2. 자연스럽게 회사에 필요한 새로운 전략과 방향도 보일 것이고, 회사에도 기여할 수 있다고 생각합니다.

기타 사항 (사용 가능 툴)

데이터 분석에 필요한 SAS, SPSS, R이라는 다양한 통계 프로그래밍을 학습하였으며, 실제로 다양한 설문 조사활동에 참여하여서 설문지 제작, 설문지 조사에 참여하여, 데이터 구축에서의 실질적인 통계학적 업무 경험도 있습니다. 그리고 경영학을 복수전공하여 단순히 통계학적 데이터 구축과 분석에서만 그치는 것이 아니라 활용, 기획에서도 안목을 가지고 있습니다. 앞으로 회사 검색기획 분야에서 일하면서 얻은 정보를 다양한 경영전략과 마케팅 등에 활용할 수 있다고 생각합니다.

나의 조언은?

Tip

성장 과정 `코멘트`

1. 이기적이라는 말을 자기소개서에 쓰는 것은 치명적일 수 있습니다. 회사에서 가장 중요하게 생각하는 것 중 하나가 '조직에서의 융화'인데, 굳이 이런 단점을 성장 과정에 쓸 이유는 없겠죠. 마이너스 요인입니다. 특히 요즘에는 조직에 잘 융화할 수 있는 사람을 원하는 기업이 많습니다. 영어 점수가 아무리 높아도 태도가 좋지 않으면 회사는 그 사람을 채용하지 않는다는 사실을 기억하세요.

2. 이기적인 성격을 고치고자 봉사활동을 했다고 했는데, 그런 활동으로 오랫동안 형성된 성격이 바로 고쳐졌을지 의문이 듭니다. 과연 다른 분에게도 설득력이 있을지 모르겠네요.

3. 성장 과정을 소개하는 만큼 학교에서의 프로젝트를 통해서 성과를 낸 경험보다는 팀에서의 역할을 강조하면 좋겠습니다.

성격 (장/단점) `코멘트`

1. '느리기까지'는 '내리기까지'로 바꿔야겠죠? 맞춤법에 신경 써 주세요.

2. 회사에서의 많은 업무는 신속성을 요합니다. 어떤 일이 발생할 경우, 상황을 빠르고 정확하고 원활하게 처리할 수 있는 사람을 필요로 하죠. '다소 긴 의사결정?' 저는 같이 일하기 싫을 것 같습니다.

3. 타인에 대한 배려가 부족한 사람은 회사에서 가장 꺼리는 사람 중 하나입니다. 다른 단점으로 고치는 게 좋을 것 같네요.

4. 성장 과정 항목에서 봉사활동을 했던 경험을 서술하였는데, 성격의 장/단점에서 다시 쓰는 실수를 하였습니다. 다른 경험으로 대체해 주세요.

5. 요새 로켓이라는 비유적인 표현을 자기소개서나 면접에서 언급하는 건 오히려 마이너스가 된다고 생각합니다. 차라리 업무와 관련된 관심을 서두에서 어필하는 것은 어떨까요?

지원 동기 및 입사 후 포부 코멘트

1. 회사는 결국 매출 향상을 목표로 합니다. 배우고자 하는 태도도 중요하지만 수익을 창출하는 것이 더 중요하죠. 비중을 매출 향상으로 옮기는 게 좋을 것 같습니다.

2. 자연스럽게 기여할 수 있겠다는 것은 조금 억지로 보입니다. 신입사원에게 가장 중요한 태도 중 하나는 적극성입니다. 글에서는 적극적으로 무엇인가를 해 보겠다는 것이 전혀 느껴지지 않네요.

기타 사항 (사용 가능 툴) 코멘트

1. 번호를 매기는 방법처럼 조금 더 간결하게 나열하는 방식이 좋겠습니다. 각 항목을 조금 더 구체적으로 적었으면 하고요.

2. 뜬구름 잡는 이야기 같아요. 더욱 구체적으로 어떠한 설문지 제

작을 했으며 어떤 데이터를 구축했는지에 대한 부연 설명을 해 주세요.

자기소개서 총평

: 전체적으로 매우 산만함, 간결하지 않고 눈에 팍팍 들어오지 않음, 업무적인 부분을 일부밖에 언급하지 않았음.

1. 자기소개서가 전체적으로 너무 산만합니다. 인사 담당자에게 자신의 능력을 어필하려면 글을 다듬어야 할 것 같습니다. 무슨 말을 하는지 잘 모르겠거든요. 맞춤법도 주의하세요.
2. 설득력이 부족합니다.
3. 굳이 자신의 단점을 노출시킬 필요가 없습니다.
4. 전체적인 구조에서 성장 과정과 장단점이 서두에 오는 바람에 인사 담딩자가 읽다 금방 지칠 것 같습니다.
5. 회사는 업무에 필요한 인재, 조직에 융화될 수 있는 인재를 원하는데 위 글에서는 그런 점이 충분히 보이지 않습니다.
6. 살아온 이야기보다는 학교와 회사에서의 프로젝트 경험을 조금 더 살려서 업무적인 경험의 비중을 좀 더 늘리는 것이 좋겠습니다.

꼼꼼하고 정확한
JD 작성법

몇 군데 고객사에서 인재를 찾아달라는 요청을 받았어요. 이 요구
사항을 바탕으로 여러분만의 JD를 작성해 보세요. 자신이 작성
한 JD와 예시를 비교해 보며 어떻게 하면 꼼꼼하고 정확한 JD를
작성할 수 있을지도 생각해 보세요.

01

IT 전문 기업인 B가 저희의 새로운 고객사가 되었어요. B에서 원하는 인재상은 다음과 같아요. 이를 토대로 고객사가 요구하는 것을 정확히 파악해 나만의 JD를 작성해 보세요.

고객사 요구 사항

담당 업무   모바일 앱 개발

직책   과장~차장급

자격 요건   경력: 7년 이상
학력: 무관
Kotlin 또는 Swift 사용에 능숙한 분

Job Description

Job Description 예시

Position	모바일 앱 개발자 (과장~차장급)

담당 업무
- 자사 모바일 앱 기능 개발 (Android, iOS)

자격 요건
- 모바일 앱 개발 경험 7년 이상
- Kotlin 또는 Swift 사용에 능숙한 분
- 앱 UI, 인터렉션 구현에 능숙한 분
- Concurrency, Data Structure, Algorithm 이해가 가능한 분
- 학력: 무관
- 직급: 과장~차장급
- 근무지: 판교

우대 사항
- 모바일 앱 성능 개선에 대한 경험 보유자
- APP 보안 개선에 대한 경험 보유자 (ISMS)

전형 방법
- 1차 서류전형
- 2차 면접

제출 서류
- 이력서 및 자기소개서 (최종 연봉 및 희망 연봉 기재)

담당 헤드헌터
- 윤재홍 이사
- 이메일: leo@promatch.co.kr

02

유명 홈쇼핑 회사인 C가 저희의 새로운 고객사가 되었어요. C에서
원하는 인재상은 다음과 같아요. 이를 토대로 고객사가 요구하는
것을 정확히 파악해 나만의 JD를 작성해 보세요.

고객사 요구 사항

담당 업무	프론트엔드 개발
직책	대리~과장급
자격 요건	경력: 5년 이상 학력: 전문대학교 졸업 이상 나이: 30대 초중반

Job Description

Job Description 예시

Position 　　프론트엔드 개발 (대리~과장급)

담당 업무　　• 프론트엔드 개발

자격 요건　　• 프론트엔드 개발 경력 5~10년
　　　　　　　• Javascript 5년 이상
　　　　　　　• ViewJS 또는 React 경험자, Sass(SCSS) 경험자
　　　　　　　• 근무조건: 정규직
　　　　　　　• 근무지: 송파구
　　　　　　　• 연봉: 협의

키워드　　　• Javascript, ViewJS, HTML, CSS

제출 서류　　• 이력서 및 자기소개서
　　　　　　　　(최종 연봉 및 희망 연봉 기재)

전형 방법　　• 1차 서류전형
　　　　　　　• 2차 면접

담당 헤드헌터　• 윤재홍 이사
　　　　　　　　• 이메일: leo@promatch.co.kr

03

모빌리티 서비스 전문 IT 기업인 D가 저희의 새로운 고객사가 되었어요. D에서 원하는 인재상은 다음과 같아요. 이를 토대로 고객사가 요구하는 것을 정확히 파악해 나만의 JD를 작성해 보세요.

고객사 요구 사항

담당 업무   조직관리, 성과 평가 체계 수립

직책   팀장

자격 요건   경력: 5년 이상
학력: 대학교 졸업 이상
나이: 상관없으나 31~35세 선호

Job Description

Job Description 예시

Position	HR 조직관리 팀장

담당 업무
- 조직관리: 평가, 보상, 조직문화, 조직개발, 노무
- 성과 평가 체계 수립
- 구성원이 업무에 몰입하고 더 성장하기 위한 업무

환경 세팅
- 더 나은 성과를 내기 위한 협업 시스템 개선
- 노무 이슈 대응

자격 요건
- 경력: HR 업무 5년 이상
- 학력: 인 서울 상위권 대학
  (학력 좋을수록 선호)
- 나이: 30대 초중반 선호
- 직급: 팀장

우대 사항
- 작은 조직에서 큰 조직으로 단기간에 빠르게 성장한 회사에서 일한 경험이 있는 분
- 중견/대기업에서 HR 프로세스를 촘촘하게 경험한 분

근무 조건
- 근무지: 서울시 강남구
- 급여: 협의

제출 서류	• 이력서 및 자기소개서
	(최종 연봉 및 희망 연봉 기재)
전형 방법	• 1차 서류전형
	• 2차 면접
담당 헤드헌터	• 윤재홍 이사
	• 이메일: leo@promatch.co.kr

헤드헌터 업무 엿보기

리크루트 프로세스 엿보기

헤드헌터가 되면 보통 다음과 같은 순서로 업무를 진행하게 돼요. 그걸 저희들은 '리크루트 프로세스'라고 하죠. 프로세스의 각 단계마다 중요하게 살펴볼 것이 무엇인지 생각해 보고, 전체적인 업무의 흐름도 파악해 보세요.

리크루트 프로세스

---

01 기획/설계

└ 고객사의 요구 분석 및 목표 정의

└ 기업이 원하는 인재상에 맞춰 JD 작성

└ 업무 계약서 작성 후 날인

02 Presentation/Process

└ JD에 적합한 인재 발굴 작업

└ 프로그래밍 및 DB 연동

└ Direct Search

└ 후보자 추천

03 고객사 면접

└ 면접 일정 협의

└ 수정 보완

└ 면접 합격 시 고객사와 후보자 사이에서 연봉, 직급, 출근 날짜 협상

└ 채용

04 채용 시작

└ 최종 합격 시 입사자 출근 확인

└ 수수료 청구 및 입금 확인

└ 계약 기간 동안 후보자 사후 관리 및 업무 적응 상황 확인

서치 모듈 엿보기

기업이 원하는 인재, 어떻게 하면 찾을 수 있을까요? 인재를 발굴하는 일에도 순서가 있어요. 저희는 그걸 '서치 모듈'이라고 하며, 보통은 이 순서에 따라 후보자를 선별해 고객사와 연결해 주고 있죠. 서치 모듈의 각 단계마다 중요하게 살펴볼 것이 무엇인지 생각해 보고, 해당 업무의 흐름도 파악해 보세요.

서치 모듈

01 고객사 인터뷰

  ㄴ 현새 진행하고 있는 포지션에 대한 채용 배경, 업무 내용 파악, 후보자
    가 갖게 될 비전 등에 관한 인터뷰
  ㄴ 후보자 나이, 경력 사항, 학력, 인적 성향 등을 중심으로 기업이 원하는
    인재상에 대한 인터뷰

02 예비 후보자 조사 및 분석

03 1차 접촉을 통한 후보자 선별

ㄴ 후보자의 이직 동기 및 추천 포지션에 대한 관심도 확인

ㄴ 이력서 확인을 통한 경력 및 요청 포지션과의 관계성 분석

04 예비 후보자 리스트 검토

05 예비 후보자 사전 인터뷰 및 평가

ㄴ 경력이나 이직 동기, 성과 레코드, 업무 평가, 장단점, 기타 기술, 어학 능력 등 일반 평가

06 예비 후보자 이력서 고객사에 송부

07 고객사와 예비 후보자 간의 인터뷰 조정

08 기타 조건에 대해 양측 입장을 조절하며 성공적인 후보자 포지셔닝

후보자 접촉 모듈 엿보기

기업에서 제시하는 인재상에 딱 맞는 후보자가 나타났을 때 그들과의 접촉은 어떻게 이루어질까요? 인재가 될 후보자와 접촉하는 것 역시 순서가 있는데, 저희는 그걸 '후보자 접촉 모듈'이라고 불러요. 후보자 접촉 모듈의 각 단계마다 중요하게 살펴볼 것이 무엇인지 생각해 보고, 해당 업무의 흐름도 파악해 보세요.

후보자 접촉 모듈

01 이직 동기 및 추천받은 회사에 대한 관심도 확인

02 채용 배경 및 회사에 대한 소개

03 이력서를 통한 후보자에 대한 자질, 성격 및 레퍼런스 확인

04 서류상 서술된 내용과 실제 업무 확인 절차를 거친 후 후보자로부터 추천 동의를 받아 고객사에 추천

05 고객사에 추천 후 후보자에게 진행 현황 리포트

06 고객사와의 인터뷰 스케줄 조정

07 인터뷰 후 고객사로부터 받은 인터뷰 결과 알림

08 연봉, 근무 조건, 직급 등 관련 조건 조정 후 고객사 및 후보자에게
   확인 절차 리포트

09 출근 후 제시한 조건과의 일치 여부 확인, 진행이 안 된 후보자에게
   관련 포지션에 대한 결정 여부 알림

헤드헌터에게
궁금한 Q&A

Job
Propose 36

Q 인재를 찾아달라는 기업의 요청이 많은가요?

A 많죠. 그렇지만 신입 직원을 찾아달라는 건 아니에요. 신입의 경우 공채로 채용하거든요. 거의 대부분은 경력직 직원을 원하며 대기업이나 외국계 기업, 벤처기업, 스타트업 등 규모를 막론하고 다양한 곳에서 헤드헌팅 요청이 들어오고 있죠. 기업이 헤드헌터 개인에게 직접 연락을 하는 경우에는 바로 일을 진행하게 되고, 요청이 서치펌을 통해 들어오게 되면 대표님이 각 전문 분야별로 업무 배분을 한 후에 헤드헌팅이 시작되고요.

Q 고객사를 확보하는 일이 어렵지는 않나요?

A 아무리 좋은 인재가 있어도 추천해 줄 기업이 있어야 헤드헌팅이 성사되기 때문에 고객사 확보는 가장 중요하고도 어려운 문제예요. 예전에는 말 그대로 맨땅에 헤딩이었어요. 처음 이 일을 시작했을 때에는 외국계 기업이나 반도체 장비회사, 게임 회사, 벤처기업 등 분야를 가리지 않고 직접 찾아다니며 영업을 했죠. 이젠 경력도 어느 정도 쌓이고 방송 출연 등으로 인지도가 좀 올라가서 기업이 먼저 저에게 연락해 채용을 의뢰하는 일이 많아졌어요. 고객사 HR 담당한테 다른 회사를 소개받기도 하고요. 때론 제가 관리하던 후보자나 개인적인 인맥을 통해 소개를 받고 고객사를 확보

하기도 하죠. 최근 들어 헤드헌팅으로 채용을 하는 회사들이 여러 군데의 서치펌을 이용하게 되면서 경쟁이 치열해지고 있어요. 그런 만큼 헤드헌팅 능력을 키우고 좋은 평판을 유지하는 것이 더욱 중요해졌죠.

Q 헤드헌터에게 연락을 하려면 어떻게 해야 하나요?

A 우선 서치펌 홈페이지를 통하는 방법이 있어요. 서치펌에서는 회사에 소속된 헤드헌터 명단을 공개하고 있거든요. 잡포털에 구인 공고를 올린 헤드헌터의 정보를 확인하는 방법도 있죠. 링크드인과 같은 인맥 사이트를 참고하거나, 주변에 헤드헌터를 통해 이직한 지인이 있다면 그분을 통해 추천을 받을 수도 있겠고요.

Q 좋은 헤드헌터를 만날 수 있는 방법이 있다면요?

A 앞서 얘기한 것 중에 가장 좋은 방법이 있어요. 바로 헤드헌터를 통해 만족스러운 이직을 경험한 지인이 있다면 그 사람에게 추천을 받는 것이죠. 사실 성실하지 못한 헤드헌터도 몇몇 있거든요. 고객사의 정보를 잘 알지 못하거나 꼭 필요한 피드백을 해 주지 않는 사람도 있으니 경험이 많은 헤드헌터를 찾거나 지인의 추천을 받는 것이 좋아요.

Q 헤드헌터가 마음에 들지 않으면 다른 헤드헌터에게 연락해도 되는 건가요?

A 그럼요. 헤드헌터를 통해 고객사에 이력서를 넣고 지원하기 전까지는 언제든 다른 헤드헌터나 다른 서치펌을 이용하는 것이 가능하죠. 하지만 이미 지원을 한 상황에서는 중복 지원이 되지 않기 때문에 마음에 들지 않더라도 해당 건은 그대로 진행하는 수밖에 없어요. 헤드헌터들도 그런 복잡한 상황에 놓인 후보자는 잘 받지 않죠. 문제가 생길 여지가 많거든요.

Q 후보자들은 어떻게 관리하나요?

A 저 같은 경우 엑셀 파일에 후보자들을 연도별, 직군별로 정리해 놓고, 이후 경력이나 이직 등 새로운 정보가 생기는 대로 업데이트하고 있어요. 서로 연락을 하게 되면 연락한 날도 쭉 기록하고 있고요. 회사의 DB에 올릴 수도 있지만 그렇게 되면 다른 헤드헌터들과 공유가 돼서 저는 개인 DB로 만들어 관리하고 있죠. 후보자들 중에서도 유독 괜찮은 사람들이 있잖아요. 그런 분들에게는 꾸준히 카카오톡을 보내면서 지금 하고 있는 일에 관해 묻는 등 특별히 더 신경을 쓰고 있어요. 새로운 경력이 추가될 때마다 이력서를 보내주는 후보자도 있는데요. 그런 성실한 분들의 경우 별도의 표시를

해서 다음엔 꼭 헤드헌팅이 성사될 수 있도록 노력하고 있고요.

Q 기업이나 구직자 입장에서는 헤드헌팅의 어떤 점을 가장 중요하게 생각할까요?

A 먼저 기업 입장에서는 높은 수수료를 지불하는 만큼 헤드헌팅을 통해 회사의 인재상에 가장 들어맞는 사람을 찾는 것이 중요하겠죠. 구직자 입장에서는 이직이라는 이슈가 경력 관리에 굉장히 중요하기 때문에 현재 직장보다 더 좋은 조건인지와 향후 전망을 신중하게 고려할 것이고요. 한 가지 덧붙이자면, 어떤 분야든 마찬가지겠지만 헤드헌터 중에도 자신의 이익만을 생각하는 사람이 있어요. 간혹 이런저런 편법까지 써가면서 이직을 제안하는 헤드헌터가 있는데, 기업이나 구직자나 그런 사람을 가려낼 줄 알아야겠죠.

Q 스타트업을 소개할 경우 기업의 미래가 다소 불안정하다는 이유로 지원자들이 꺼리지는 않나요?

A 스타트업이라고 모두 전망이 불안정한 것은 아니에요. 스타트업 중에서도 유명한 곳이 있는데요. 그런 곳은 지원자들이 먼저 가고 싶다고 얘길 하죠. 반대로 전망이 불투명하거나 이름을 들어본 적이 없는 곳이면 대부분 선호하지 않고요. 요즘엔 지원자들이 이

정도 이상의 회사를 추천해 달라며 기준을 제시하는 경우가 많아요.

Q 기업에서 제시하는 인재의 요건이 매우 구체적인가요?

A 그럼요. 신입 직원 공채와는 완전히 달라요. 최근에는 신입 직원을 채용할 때 학력이나 성별, 출신지 등을 보지 않는 블라인드 채용을 많이 하잖아요. 저희에게 오는 요청은 주로 경력직 채용인데, 이 경우 출신 학교부터 이전 회사, 나이, 성별까지 다 정해져있어요. 예를 들어 출신 학교는 서울대나 연세대, 고려대, 포항공대, 카이스트 정도만 가능하다고 하거나, 전략 기획 분야의 경력직을 채용한다고 하면 유명 컨설팅 정도의 경력만 인정한다고 요건에 명시하는 것이죠. 대기업 출신 경력이어야 한다는 요건에서도 어떤 대기업이든 상관없다고 하는 경우는 없어요. 대부분은 기업명을 구체적으로 제시하죠.

Q 헤드헌팅은 특성상 공개적으로 진행되지 않고 은밀히 이뤄지기 때문에 여전히 많은 사람들에게는 낯선 영역인데요. 어떻게 하면 헤드헌팅의 대상이 될 수 있을까요?

A 학력이나 학점, 경력 등 본인의 스펙이 훌륭하다고 생각되면 잡 포털 사이트나 링크드인과 같은 인맥 관리 사이트를 활용하는

것이 가장 좋은 방법이에요. 그런 곳에 헤드헌터가 볼 수 있도록 자신의 정보를 올려놓는 거죠. 잡 포털 사이트에서는 전체 공개나 비공개 여부를 선택할 수 있거든요. 인재 채용에서 중요하게 생각하는 건 후보자가 근무하는 산업 군에서의 좋은 경력이기 때문에 스펙이 괜찮다면 많은 연락을 받을 거예요. 직접 헤드헌터에게 연락을 하는 방법도 있고요.

Q 코로나19 이후, 채용 시장의 분위기는 어떻게 변화했나요?

A 코로나19로 인해 경제가 위축되면서 채용 시장에도 찬바람이 불고 있어요. 채용을 계획했던 회사가 이를 취소하거나 채용 인원을 줄이고 있죠. 구직자는 많은데 이들을 채용할 기업은 적으니 스펙이 좋더라도 갈 곳이 없는 안타까운 현실이에요. 하지만 코로나19 특수를 누리는 기업들이나 급성장하는 스타트업의 경우 헤드헌팅을 이용한 채용이 늘고 있죠.

Q 코로나19의 확산으로 인해 대기업의 공채가 사라진 반면 경력 중심의 수시채용은 오히려 증가하는 상황이 왔어요. 이런 현상은 앞으로도 계속될까요?

A 한동안은 더 지속될 거라 생각해요. 이런 상황에서는 본인이

입사를 원하거나 이직하려는 회사의 인재상에 맞는 경력과 스펙을 쌓는 노력이 필요하죠. 경력 관리를 위해 잦은 이직을 자제하고 본인이 근무하는 산업 군에서 뛰어난 이력을 만들어 가는 것이 중요해요.

Q 뉴 노멀 시대에서의 핵심 인재는 어떤 사람인가요?

A 코로나19의 영향으로 우리의 일과 일상에서 거대한 전환을 맞이하는 새로운 시대, 뉴 노멀 시대가 도래했는데요. 경력직 채용에서의 인재상은 그 이전과 크게 달라진 것이 없어요. 기업에서 가장 중요하게 생각하는 것은 예나 지금이나 자기가 속한 산업군에서의 좋은 경력과 적은 이직 횟수거든요. 어떤 고객사는 명문대를 졸업한 후 대기업에서 근무한 후보자라 하더라도 몇 개월 정도 다니다 회사를 옮긴 이력이 있으면 절대로 채용하지 않아요. 심지어 면접의 기회조차 주지 않는 곳도 있고요. 이곳뿐만 아니라 대체로 너무 자주 이직한 사람은 선호하지 않죠. 물론 납득할 만한 퇴사 사유가 있는 경우는 예외지만요. 안정적인 경력은 기업에서 매우 중요하게 생각하는 요소이기 때문에 한 회사에 들어가면 최소 3년은 다니는 것이 좋아요. 이 외에도 커뮤니케이션 능력과 바른 인성이 뉴 노멀 시대의 핵심 인재 요건이라고 생각해요.

SBS 뉴스, 공기업 취업 전략

Q 뉴 노멀 시대의 채용 시장에서 구직자들은 무엇을 준비해야 하나요?

A 앞서 얘기한 핵심 인재의 요건에 어학 능력과 업무와 관련된 자격증을 겸비하는 것이 좋겠죠. 본인의 직무에 대한 전문적인 지식과 경험은 기본이고요.

Q 언택트 시대의 이직 과정, 무엇이 달라졌나요?

A 감염 위험을 최소화하기 위해 대면 면접 대신 비대면 면접을

진행하는 기업이 늘었어요. 전화 면접이나 화상 면접이 일반화된 상황이죠. 대기업의 경우 회사 자체의 면접 프로그램을 이용하기도 하고요. 사람과 직접 마주하지 않는 화상 면접의 경우 질문의 내용이 이전과 크게 달라지지는 않았지만 사람 대신 카메라와 마주해야 하는 상황 자체가 어색할 수 있으므로 충분한 연습이 필요해요. 사람을 마주할 때보다 더 긴장하는 경우도 있기 때문에 이에 대한 대비를 하고, 짤막하지만 임팩트 있게 이야기를 할 수 있도록 준비하는 것이 좋고요.

Q 언택트 시대, 구직자들에게 위기인가요, 기회인가요?

A 준비된 인재라면 콘택트든 언택트든 걱정할 게 없죠. 준비가 되지 않은 사람에겐 취업문이 좁아졌으니 더 힘들겠고요. 많은 다른 일들처럼 누군가에겐 위기라고 생각했던 것이 누군가에겐 기회가 되기 때문에 위기 속에서도 성장하려는 노력이 무엇보다 중요하다고 생각해요.

Q 헤드헌터가 탐내는 인재와 꺼리는 인재가 따로 있겠죠?

A 탐내는 인재는 경력이 좋은 건 기본이고요. 적극적이고 성실하며 바른 인성을 가진 분이죠. 고객사에서 일부러 월요일에 면접

일정을 잡는 경우가 있어요. 대부분이 경력직이라 힘든 일정이지만 적극적이고 성의가 있는 분들은 연차를 내서라도 면접에 참석해 기회를 잡죠. 그 반대인 분들은 기분 나빠하며 그 회사 말고 갈 만한 다른 곳은 없는지 물어보고요. 성실한 분들은 연락도 자주 하고 자신의 상황에 변화가 있으면 바로바로 알려주면서 좋은 자리가 나면 소개해 달라고 해요. 그럼 그런 분들만 따로 관리를 할 정도로 좋은 인상을 받게 되죠. 반면 본인의 능력보다 너무 큰 걸 원하거나 거만한 분, 다짜고짜 복리후생부터 따지면서 요구 사항을 늘어놓는 분들은 좀 꺼려져요. 그런 분들은 보통 끝이 좋지 않거나 여러 군데를 저울질하기 때문에 최악의 경우 최종 합격이 되어도 입사를 하지 않는 경우가 있거든요.

Q 헤드헌터에게도 밀당 기술이 필요한가요?

A 어떻게 보면 이 일은 커플 매니저가 하는 일과 비슷해요. 여자와 남자를 자연스럽게 이어주듯이 기업과 인재를 잘 연결해 줘야 하니까요. 여자와 남자에게 상대방의 좋은 점을 이야기하듯 기업체에는 후보자의 장점을 어필하고, 후보자에겐 기업의 비전을 보여주는 과정에서 그들을 밀고 당기는 기술은 꽤 유용하죠.

Q 서치펌에 소속되지 않고 프리랜서로도 일할 수 있나요?

A 혼자 일하는 것도 가능은 하지만 쉽지는 않을 거예요. 워낙 경쟁이 치열하고 대부분의 기업들이 대형 서치펌을 선호하기 때문이죠. 프리랜서보다는 헤드헌터가 모여 있는 대형 서치펌에 입사해 유리한 조건에서 시작하는 것을 추천해요.

Q 마지막으로 헤드헌터에 대한 선입견에 대해서는 어떻게 생각하세요?

A 사람들을 많이 만나는 화려한 직업이라는 선입견이 있는데요. 이 직업은 철저한 자기 관리와 전문적인 지식이 필요한 일이에요. 영화나 드라마에서의 이미지만 보고 이 일을 시작하는 사람은 없었으면 해요. 그런 분들은 아마 오래 버티기가 힘들 거예요. 하지만 사람 만나기를 좋아하고 자기 관리에 철저한 분들에겐 보람을 느끼며 일할 수 있는 매력적인 직업이죠.

헤드헌터
윤재홍 스토리

📭 어린 시절에 대한 이야기가 궁금해요. 부모님은 어떤 분이셨는지, 어린 시절 환경은 어땠는지 알려주세요.

📭 어머니는 전업주부셨고, 아버지는 사업을 하셨어요. 위로 형이 한 명 있었고요. 다행히 아버지의 사업이 잘 돼서 경제적으로 여유로웠고, 네 가족이 사이도 좋아 화목하게 지냈죠. 저희 아버지가 전자제품을 좀 좋아하셨어요. 요즘 말로 얘기하면 얼리어답터셨죠. 덕분에 다른 친구들보다 빨리 소니 텔레비전이나 월풀 냉장고, 소니 워크맨과 같은 외국 전자제품을 빨리 접할 수 있었어요. 당시엔 워크맨이 최고 인기 제품이라 또래 중에 가장 먼저 소니 워크맨을 사용한다는 게 어린 마음엔 으쓱하기도 했었죠. 한참 후에야 삼성전자에서 마이마이가 나왔던 기억이 나네요.

📭 어린 시절, 특별히 기억에 남는 일이 있나요?

📭 초등학교 때였나, 방학이라 큰 고모 댁에 놀러 갔는데 제가 첫날부터 처음 보는 동네 아이들과 너무 잘 어울려 놀더래요. 그런 제 모습을 보고 고모부께서 재홍이 너는 사막 어딘가에 던져놔도 살아남을 것 같다는 말씀을 하셨던 게 기억에 많이 남아있어요. 사람을 좋아하고 그들과 쉽게 친해지는 사교적인 성격이 어렸을 때부터 있었나 봐요.

그리고 또 생각나는 게 하나 있어요. 저희 아버지가 사업을 하셨다고 했잖아요. 한 번은 거래처와의 미팅 장소에 저를 데리고 가신 적이 있었는데요. 나중에 알고 보니 실제 미팅은 다음 날이었고, 이날은 약속 시간에 늦지 않기 위해 가는 시간과 동선을 체크하러 가신 거였더라고요. 늘 시간 약속을 중요하게 생각하셨고, 일에 최선을 다하시는 모습을 보면서 나도 크면 아버지처럼 되고 싶다는 생각을 많이 했어요. 당시 아버지의 모습이 마음에 깊이 새겨져서 저 역시 시간 약속을 중시하게 되었고, 가능하면 미리 가서 상대를 기다리는 사람이 되었죠.

편 특별히 좋아했던 과목이 있었나요?

윤 저는 특별히 선호했던 과목이 없었어요. 미술 하나만 빼고는 다 좋아했거든요. 워낙 미술 분야에 재능이 없다 보니 그림 그리는 것에도, 뭔가를 만드는 것에도 흥미가 생기지 않고 수업도 너무 지루하게 느껴졌죠. 그림을 그려오라는 숙제라도 생기면 아주 힘들게 해 갔던 기억도 나네요. 손재주가 있어서 뭐든지 뚝딱뚝딱 만드는 분들, 금손이라고 하죠? 정말 부러워요.^^

■ 중, 고등학교 시절, 어떤 학생이었나요?

■ 학교에 가는 걸 정말 좋아했어요. 어려서부터 친구를 좋아했기 때문에 친구들을 만나 놀 수 있는 학교를 좋아했던 거죠. 그 시절엔 지금처럼 인터넷이나 PC방이 없어서 하교 후엔 친한 친구들 몇몇과 동네에 있는 전자오락실에 가서 게임을 하곤 했어요. 그 친구들 중 한 명은 지금도 연락을 하며 지내고 있죠. 당시 아이들에게 가장 인기 있는 놀이라 거의 매일 오락실을 들락날락했는데, 이젠 어떤 동네를 가건 보기가 힘들어져 아쉽네요.

■ 공부는 잘했나요?

■ 앞서 잠깐 얘기한 것처럼 미술 과목 빼고는 다 좋아해서 두루두루 잘했어요. 좋아하다 보니 열심히 하게 돼서 성적도 꽤 잘 나왔고요.

■ 본인이 생각하는 자신의 장점과 단점은 무엇인가요?

■ 뛰어난 대인관계 능력과 상대방을 편안하게 만들어주는 커뮤니케이션 능력이 제 장점이라고 생각해요. 덕분에 처음 만나는 분들도 저를 편하게 대해 주셔서 이야기가 잘 풀리는 경우가 많죠. IT 활용 능력도 좋은 편인데, 요즘엔 어떤 업무를 하던 IT 지식을 요구

하기 때문에 이 역시 장점 중 하나라고 할 수 있고요. 단점이라면 싫고 좋은 게 분명한 성격이라 하기 싫은 일은 아예 시도조차 하지 않는 거예요. 마음에 들지 않는 일이라 하더라도 조금만 참고 버티면 기회가 생길 수도 있는데, 시도도 하지 않는 게 가장 큰 단점이죠.

편 어렸을 때 꿈은 뭐였나요?

윤 어렸을 때는 광고 카피라이터가 되고 싶었어요. CF나 신문 광고에 쓰이는 카피에 관심이 많았거든요. 사람들의 마음속에 오랜 시간 새겨질 수 있는 센스 있는 카피를 만들고 싶다는 꿈이 있었죠.

편 대학 생활은 어땠나요?

윤 대학에서는 전자계산학을 전공했는데요. 컴퓨터 관련 공부가 재미있어서 열심히 하다 보니 학점이 4.0 이상이 되었고 장학금도 타게 되었죠. 그렇다고 공부만 한 건 아니었어요. 대학 생활을 후회 없이 보내겠다고 친구들과 놀기도 열심히 놀았죠.

편 전자계산학을 전공하게 된 계기가 있을까요?

윤 가장 큰 이유는 게임을 좋아해서였죠. 좋아하다 보니 공부를 해서 직접 개발을 하고 싶더라고요. 그래서 전자계산학과에 가게 되었고, 게임 회사는 아니지만 졸업 후에 전공을 살려 PC 통신 회사에 입사하게 되었죠.

🈷 어떤 과정을 거쳐 이 직업을 갖게 되었나요?

🈷 PC 통신 회사에 5년 정도 근무했는데, PC 통신 시대가 막을 내리면서 저희 회사도 위기를 맞게 되었어요. 회사에 남을 것인지, 다른 분야로 갈 것인지 고민을 하다 이직을 결심하고 잡포털에 이력서를 등록해놨는데요. 지금 일하고 있는 ㈜프로매치코리아의 김혜종 대표님에게 스카웃 제의를 받았어요. 사람을 워낙 좋아해 제 적성과 잘 맞을 것 같아 헤드헌터라는 직업에 호감을 갖게 되었죠. 우리나라도 점차 미국이나 유럽처럼 헤드헌터를 이용한 채용이 늘 것이라는 생각에 결심을 굳히게 되었고요. 하다 보니 어느새 19년 차가 되었네요.

🈷 이 분야의 전문가가 되기까지 얼마나 걸리셨나요?

🈷 사람마다 차이가 있겠지만 보통 어느 한 분야의 전문가가 되려면 최소 10년은 일해야 한다고 생각해요. 저 같은 경우 2002년에 이 일을 시작해서 지금 19년 차가 되었으니 전문가 소리를 들어도 되겠죠? 그중 4년 정도는 다른 일을 했지만요. 사실 중간에 사업

을 하나 시작했어요. 정부 산하 전자 관련 연구원에 아이패드나 아이폰, 맥북과 같은 IT 관련 제품을 납품하는 사업이었는데요. 인맥을 통해 영업을 하고 거래처를 확보한 것이라 초반엔 일이 순조롭게 진행되었어요. 그러다 갑자기 납품하는 절차가 바뀌면서 상황이 매우 힘들어졌죠. 결국 사업을 정리했는데, 지금의 대표님이 다시 같이 일해 보자는 제안을 해 주셔서 계속 헤드헌터로 일할 수 있게 되었어요.

📖 추천해 주고 싶은 책이나 영화가 있다면요?

🧑 톰 크루즈 주연의 〈제리 맥과이어〉가 가장 먼저 떠오르네요. 뛰어난 능력과 매력적인 외모를 겸비한 스포츠 에이전시 매니저인 제리의 일과 사랑을 다룬 영화인데요. 극 중 제리가 운동선수들을 관리하는 것이 지금 제가 인재들을 관리하는 일과 비슷한 점이 많아 흥미롭게 봤던 기억이 있어요. 헤드헌터에 관심이 있는 분이라면 저처럼 재미있게 볼 수 있을 거라 추천하고 싶어요.

📖 헤드헌터가 되어 첫 출근한 날, 기억나세요? 어떤 생각이 들었는지 궁금해요.

🧑 정말 막막했던 기억밖에 없어요. 지금은 기업에서 먼저 채용

중국 출장 중에

을 의뢰하는 일이 많지만, 그때만 해도 일일이 기업을 찾아다니며 고객사로 만들기 위한 영업을 해야 했거든요. 저만의 고객사는커녕 헤드헌터에 대한 인식도 부족한 상황이라 정말 맨땅에 헤딩하는 기분이었죠. 그래도 전화를 걸어 제가 하는 일을 설명하면 일단 오라고는 하더라고요. 무슨 일인지 정확히 모르겠으니 들어보려고 한 것 같아요. 헤드헌터에 대한 설명을 쭉 하고 채용 계획이 있는지 물으면서 이야기를 풀어나갔던 기억이 나네요. 지금은 기업에서 먼저 헤드헌팅 의뢰를 하니 많이 편해졌다고 할 수 있겠죠?

가족들과 함께 괌 여행 중에

편 지금 삶에 만족하세요?

윤 제가 원래 꿈꾸던 직업은 아니지만 제 성격과 적성에 딱 맞는 일을 찾은 것 같아 더없이 만족스러워요.

편 자녀가 있다면 권할 만한 직업인가요?

윤 그럼요. 관심이 있으면 적극적으로 권하고 선배로서 도움도 주고 싶은데요. 이미 다른 분야에 관심이 많아서 네가 좋아하는 일을 하라고 얘기하고 있죠.

연합뉴스 TV, 면사뽀: 면접 사정없이 뽀개기

🈂️ 헤드헌터로서 앞으로 어떤 목표를 갖고 계시나요?

🈂️ 헤드헌터로서 할 수 있는 거의 모든 것들을 해 봤는데요. 공중
파에서 제 이름을 건 직업 관련 방송은 아직 못 해 봤어요. 그런 프
로그램을 만들어서 진행하는 것이 지금의 제 목표죠. 앞서 얘기한
'헤드헌터 윤재홍의 난JOB한 이야기'라는 유튜브 채널도 쭉 운영
하고 싶고요. 이 채널의 오프닝 멘트처럼 세상의 모든 직업을 소개
할 때까지 말이죠.^^

팟캐스트 녹음

팟캐스트 전용
녹음실

🔲 유튜브를 시작한 계기는 무엇이었나요?

🔲 처음엔 팟캐스트를 이용해 직업에 대한 방송을 진행했는데요. 대세가 유튜브로 옮겨 갔잖아요. 사람들도 소리만 듣는 것에 그치는 것이 아니라 영상을 원하게 되었고요. 제 모습이 궁금하거나 특정 직업인의 얼굴을 보고 싶은 분들이 꽤 많더라고요. 그래서 초반엔 팟캐스트용 오디오를 영상으로 변환해서 유튜브에 올리기 시작했어요. 그러다 이젠 영상으로 촬영해서 유튜브 영상을 먼저 올리고 오디오만 따로 팟캐스트에 올리고 있는 상황이죠.

🔲 영상 제작은 어떻게 하세요?

🔲 팟캐스트만 할 때에는 회사 내에 있는 제 전용 녹음실을 이용했고요, 유튜브를 시작하면서는 사용하는 장비가 많아져 외부에서 영상을 제작하고 있는데요. 촬영부터 편집, 업로드까지 저 혼자 모든 걸 다 해요. 촬영 장소는 토즈 같은 임대 공간을 이용하거나 해당 직업인의 직장 또는 작업 공간으로 출장을 가기도 하고요. 앞으로는 현장감을 살리기 위해서 직접 찾아가서 촬영하는 시간을 늘리려고 해요. 물론 섭외도 직접 했는데요. 요즘에는 출연하고 싶다는 사람이 많아서 예전처럼 어떻게 섭외할지 고민하지 않아도 되죠. 출연 희망자가 많다 보니 이젠 교사라는 직업을 소개한다고 하

유튜브, 큐레이터와의 인터뷰

유튜브, 영양사와의 인터뷰

면 여자 교사와 남자 교사로 나누어 방송한다든지 의사라는 직업을 소개한다고 하면 전공별로 세분화해서 방송할 정도니까요. 그렇게 만난 분들이 지금까지 300명이네요.

편 마지막으로 헤드헌터를 꿈꾸는 청소년들에게 하고 싶은 말이 있다면요?

윤 영화나 드라마에서 만나는 헤드헌터는 멋진 사무실에 앉아 말 몇 마디로 뛰어난 인재들의 채용을 성사시키는 사람처럼 보여요. 그런 장면만 보면 굉장히 화려한 직업 같지만 실제 저희의 일을 들여다보면 그렇게 화려하지도 않고 매번 성공의 순간만 있는 것도 아니에요. 하나의 헤드헌팅을 성공적으로 끝내기 위해 수많은 후보자를 조사하고 골라내고 검토해야 하죠. 통찰력을 가지고 기업에서 원하는 요건을 확실하게 파악하는 일도 중요하고요. 고객사의 요구를 정확하게 알고 그에 걸맞은 후보자를 추천한다 해도 100퍼센트 채용이 결정되는 것도 아니에요. 고객사는 높은 수수료를 지급하는 만큼, 후보자는 경력에서 너무나 중요한 이직을 하는 만큼 각자의 조건을 지키고 싶어 하기 때문에 이 둘 사이가 팽팽하게 벌어져 좀처럼 간격을 좁히기 어려운 경우가 많거든요. 그런 상황을 타개하기 위해서는 타인과의 커뮤니케이션 능력이 무엇보다 중요해요. 여러 직업에 대한 전문적인 지식과 풍부한 경험은 기본이고요.

헤드헌터가 유망 직종이라고 섣불리 도전하기보다는 우선은 자신이 어떤 일을 하고 싶은지, 어떤 것을 잘하는지 아는 게 먼저예요. 내가 하고 싶은 일 또는 잘하는 일을 선택하고 그 분야에서 충분한 경험과 지식을 쌓으세요. 동시에 어학 능력이나 IT 지식을 갖추고 나서 헤드헌터에 도전하세요. 그래도 늦지 않아요. 정년도 없고, 미래에도 유망한 직업이니까요. 자기 관리에 자신 있고, 사람 만나는 걸 좋아하는 학생이라면 누구보다 이 일을 잘 해낼 거라 생각해요. 그 친구들에게 이 책이 좋은 안내서가 되었으면 하네요. 여러분의 앞날을 늘 응원할게요.

청소년들의 진로와 직업 탐색을 위한
잡프러포즈 시리즈 36

사람을 좋아하는
헤드헌터

2021년 2월 3일 | 초판1쇄
2022년 5월 20일 | 초판2쇄

지은이 | 윤재홍
펴낸이 | 유윤선
펴낸곳 | 토크쇼

편집인 | 박가영
디자인 | 이민정
마케팅 | 김민영

출판등록 2016년 7월 21일 제2019-000113호
주소 | 서울시 서초구 나루터로 69, 107호
전화 | 070-4200-0327
팩스 | 070-7966-9327
전자우편 | myys327@gmail.com
블로그 | http://blog.naver.com/talkshowpub
ISBN | 979-11-91299-02-1 (44190)
정가 | 15,000원